大学生心理健康
教育理论与实践研究

韩庆云　著

延边大学出版社

图书在版编目（CIP）数据

大学生心理健康教育理论与实践研究 / 韩庆云著
. -- 延吉 : 延边大学出版社，2023.3
ISBN 978-7-230-04624-4

Ⅰ．①大… Ⅱ．①韩… Ⅲ．①大学生－心理健康－健康教育－研究 Ⅳ．①G444

中国国家版本馆 CIP 数据核字（2023）第 051586 号

大学生心理健康教育理论与实践研究

著　　者：韩庆云
责任编辑：金钢铁
封面设计：文合文化
出版发行：延边大学出版社
社　　址：吉林省延吉市公园路 977 号　　　　邮　　编：133002
网　　址：http://www.ydcbs.com
E-mail：ydcbs@ydcbs.com
电　　话：0433-2732435　　　　　　传　　真：0433-2732434
发行电话：0433-2733056
印　　刷：廊坊市广阳区九洲印刷厂
开　　本：787 mm×1092 mm　1/16
印　　张：10　　　　　　　　　　字　　数：200 千字
版　　次：2023 年 3 月　第 1 版
印　　次：2023 年 5 月　第 1 次印刷
ISBN 978-7-230-04624-4

定　　价：78.00 元

前　　言

　　大学阶段是人成长发展过程中的一个带有转折性的时期。初入大学校园，远离父母，开始独立且相对自由的大学生活，很多大学生会产生困惑，甚至由此产生一定的不适，大学生的心理健康需要引起全社会的重视。

　　心理健康是大学生成才的基础。要成为全面发展、富于创新精神的新时代大学生，首先要有健康的心理，这已是教育工作者乃至全社会的共识。因此，越来越多的大学生、老师、家长开始关注心理健康问题，大学生的心理素质培养已成为社会的重要任务之一。当代大学生处于一个竞争异常激烈的社会环境中，早早地就要面对竞争的压力，在学习、生活、人际交往、自我意识、情感和就业等问题上，都存在一些难以解决的心理问题。所以，普及心理知识，建立健康的科学观念，学会心理调节的基本技巧，有利于大学生形成良好的心理素质。

　　本书在编写过程中紧紧围绕当前社会背景下大学生的心理特点，结合高等院校大学生的生活实际，在注重专业性与科普性的前提下，对高校大学生心理健康教育问题进行较为深入的分析，希望能够为相关教育工作者提供有益的借鉴和合理化建议。本书主要内容包括大学生心理健康导论、大学生人格发展与心理健康、大学生的自我意识、建立和谐人际关系、心理适应和情绪、改善大学生心理健康教育的策略与方法、大学生心理健康教育教学模式改革等内容。

　　本书结构层次分明，内容浅显易懂，具有较强的实用性。此外，著者在内容中也参考了我国较为权威的专家、学者的一些宝贵研究成果，在此对这些专家、学者表示诚挚的谢意。然而，限于著者的自身知识水平，书中难免存在不妥之处，谨请相关专家和深入钻研的爱好者不吝赐教。

目　录

第一章 大学生心理健康导论

　　大学生是思想活跃、感受灵敏、对自己的期望较高、对挫折的承受能力不强的一个特殊群体，其心理健康承受着极大的考验和威胁。然而，许多大学生对心理健康存在误解，对自己的心理状态缺乏了解，对自己的人生发展更缺乏明确的规划，因而对大学生进行心理健康教育已成为高校教育的当务之急，而首要的问题就是要澄清对心理健康的误解，确立正确的心理健康观念。

第一节　心理健康的含义和标准

一、心理的含义

　　什么是心理？这是一个既简单又复杂、既古老又新鲜的话题。心理是指感觉、知觉、记忆、思维、意志、性格和意识倾向等心理现象的总称。人的心理并不是虚无缥缈、神秘莫测的东西，人每时每刻都在体验着、经历着，只要处在清醒状态下，就能感受到它的存在。但人的心理现象又是丰富多彩、错综复杂的，它看不见、摸不着，很难把握和控制。为了了解人类自身的心理世界，探索其发展和变化规律，也为了研究的方便，心理学把人的复杂多样的心理现象划分成相互联系的两大方面，即心理过程和人格心理特征。

（一）心理过程

心理过程是人的心理活动发生、发展的过程。具体地说，是指在客观事物的作用下，在一定时间内大脑反映客观现实的过程。根据心理过程的性质和形态的不同，可将其分成认识过程、情感过程和意志过程。

1. 认识过程

认识过程是人在认识事物时产生的心理活动，包括感觉、知觉、记忆、想象和思维。感觉是人脑对直接作用于感觉器官的事物的个别属性的反映；知觉是对作用于感觉器官的事物的整体反映；记忆是经历过的事物在人脑中的反映；想象是在原有感性形象的基础上创造新形象的心理过程；思维是人脑对客观事物本质属性及其规律的间接的、概括的反映。

2. 情感过程

情感过程是人对客观事物是否符合自己的需要所产生的一种态度体验。人们在认识客观世界时，并不是无动于衷的，总是要伴有一定的态度体验，或欢欣跳跃，或忧愁悲伤，这些都是情感（或情绪）的实际表现。

3. 意志过程

意志过程是人自觉地确定目的并克服困难去实现的心理过程。人不仅能够认识世界，而且能够改造世界，但在这个过程中会遇到许多困难和挫折，克服这些困难和挫折主要取决于人的意志过程。

心理过程的三种形式并不是彼此孤立的，而是一个相互联系、相互制约的整体。认识是情感和意志产生的前提，情感和意志随着认识活动的变化而变化。反过来，人的情感和意志也影响认识的过程，对人的认识起动力作用。

（二）人格心理特征

人格心理特征是一个人身上经常表现出来的本质的、稳定的心理特点，包括能力、气质和性格。

能力是直接影响活动效率、保证活动顺利完成的人格心理特征。能力总是与活动联系在一起的，反映了个体具有完成某种活动的潜在可能性。

气质是一个人与生俱来的心理活动的动力特征，反映了个体心理活动的动力特征。

性格是一个人对现实的稳定态度和习惯化的行为方式，反映了个体对现实的态度和行为特征。

能力、气质和性格之间是彼此联系、相互影响的，它们反映了人格心理特征的不同侧面。

心理过程和人格心理特征构成了人的心理现象的两大方面，两者是紧密联系、不可分割的。人格心理特征需要通过心理过程形成并表现出来，已经形成的人格心理特征又制约着心理过程的进行，因为没有客观现实的意志行动，人格心理特征就无法形成。反之，人格心理特征的差异又决定着人对事物的认识程度、情感体验的深度。所以，人的心理是一个完整的统一体。

二、健康的含义

长期以来，人们一直认为"只要躯体上没有疾病、没有缺损、不虚弱就是健康"。也就是说，过去，人们把健康与疾病看成两个非此即彼的概念，无病便是健康，健康就是无病。而现在，人们更多地把健康看成一个连接体，在健康与疾病之间没有截然的分界点，在两个端点之间有一个很大的空间，既非健康，又非疾病，人们把这一空间状态称为"亚健康状态"或"第三状态"。

从医学上讲，处于亚健康状态的人，虽然各项体检指标均正常，也无法证明有某种器质性的疾病，但与健康的人相比，又显出生活质量差、工作效率低、易疲劳、食欲不振、睡眠不佳、腰酸背痛及疲乏无力等不适。

从心理健康的角度来看，处于亚健康状态的人，虽然没有明显的精神疾病和心理障碍，但却表现为工作、学习效率不高，注意力易分散，情绪烦躁焦虑，缺乏生活目标与动力，常常感到生活无聊，提不起劲，人际关系紧张等。

世界卫生组织指出，健康不仅局限于躯体没有疾病、没有缺损、不虚弱，而且要有良好的生理状态、心理状态和社会适应能力。这明确地告诉人们，健康应该包括四个基本方面：一是生理方面，即躯体、器官；二是心理方面，即认识、情感、意志及人格；三是社会适应方面，即个体适应社会的调适能力；四是道德方面，道德健康也是健康新概念中的一项内容，主要指能够按照社会道德行为规范准则约束自己，并支配自己的思想和行为，有辨别真伪、善恶、美丑、荣辱的是非观念和能力。

三、心理健康的含义

对于心理健康的概念，历来有不同的看法。美国心理学家马斯洛和密特尔曼提出过十条被认为是经典的标准：一是有充分的自我安全感；二是能充分了解自己，并能恰当地估计自己的能力；三是生活理想切合实际；四是不脱离周围的现实环境；五是能保持人格完整；六是善于从经验中学习；七是能保持良好的人际关系；八是能适度地宣泄情绪和控制情绪；九是在符合团体要求的前提下，能有限度地发挥人格；十是在不违背社会规范的前提下，能适当地满足个人的基本需要。

中国学者马建青提出了心理健康的七条标准：一是智力正常；二是情绪协调，心境良好；三是具有一定的意志品质；四是人际关系和谐；五是能动地适应环境；六是保持人格完整；七是符合年龄特点。

结合专家学者的不同见解，我们认为，所谓心理健康，最能概括的含义是指人的心理，即知、情、意活动的内在关系协调，心理内容与客观世界保持统一，并据此能促使人体内外环境平衡和促使个体与社会环境相适应的状态，并由此不断地发展健全的人格，提高生活质量，保持旺盛的精力和愉快的情绪。

四、大学生心理健康的标准

大部分大学生的年龄为18～25岁，从心理学的观点来看，他们正处在青春期的中后期。大学生的心理具有青春期中后期的许多特点，但作为一个特殊群体，大学生又不能完全等同于社会上的青年。根据我国大学生的实际情况，评判大学生的心理健康水平应从以下八个标准给予着重考虑：

（一）智力正常

智力正常是大学生学习、生活、工作的最基本的心理条件，是大学生胜任学习任务、适应周围环境变化最需要的心理保证，因而也是衡量大学生心理健康的首要标准。一般来说，通过了高考的选拔，就足以表明大学生的智力是正常的，且总体水平会高于同龄人。衡量大学生的智力，关键在于大学生的智力是否正常地、充分地发挥了效能。大学生智力正常且充分发挥效能的标准是有强烈的求知欲和浓厚的探索兴趣；智力结构中的各要素在其认识活动和实践活动中都能积极、协调地参与，并能正常地发挥作用；乐于学习。

（二）情绪健康

情绪健康的主要标志是情绪稳定和心情愉快，这是大学生心理健康的一个重要指标。因为情绪在心理病变过程中起着核心作用，情绪异常往往是心理疾病的先兆。大学生的情绪健康应包括下列内容：

第一，愉快情绪多于不愉快情绪，一般表现为乐观开朗，充满热情，富有朝气，满怀自信，善于自得其乐，对生活充满希望。

第二，情绪稳定性好，善于控制和调节自己的情绪，既能克制约束，又能适度宣泄，不过分压抑，使情绪的表达既符合社会的要求，又符合自身的需要，会在不同的时间和场合恰如其分地表达情绪。

第三，情绪反应是由适当的情境引起的，反应的强度与引起这种情绪的情境相符合。

（三）意志健全

意志是人在完成一种有目标的活动时所进行的选择、决定与执行的心理过程。意志健全者在行动的自觉性、果断性、顽强性和自制力等方面都表现出较高的水平。意志健全的大学生在各种活动中都有自觉的目的性，能适时地作出决定并运用切实有效的方法解决所遇到的各种问题；在困难和挫折面前，能采取合理的反应方式；在行动中，能控制情绪和言行，既不顽固执拗、轻率鲁莽、言行冲动，又不意志薄弱、优柔寡断、害怕困难。

（四）人格完整

人格，在心理学上是指个体比较稳定的心理特征的总和。人格完整，就是指有健全统一的人格，即个人的所想、所说、所做都是协调一致的。判断大学生人格是否完整主要有以下几条标准：

第一，人格结构的各要素完整统一。

第二，具有正确的自我意识，不产生自我同一性混乱。

第三，以积极进取的人生观作为人格的核心，并以此为中心把自己的需要、愿望、目标和行为统一起来。

（五）自我评价正确

正确的自我评价是大学生心理健康的重要条件。大学生是在现实环境与他人的相互关系中、在自己的实践活动中认识自己的。一个心理健康的学生对自己的认识应比较接近现实，有自知之明；对自己的优点感到欣慰，但又不狂妄自大；对自己的弱点不回避，也不自暴自弃，善于正确地自我接纳。

（六）人际关系和谐

人总是处在一定的社会关系中，大学生同样要与人打交道。和谐的人际关系，是大学生心理健康不可缺少的条件。人际关系和谐的表现主要有六点：

第一，乐于与人交往，既有稳定而广泛的人际关系，又有知心朋友。

第二，在交往中保持独立而完整的人格，有自知之明，不卑不亢。

第三，能客观评价别人和自己，善于取人之长补己之短。

第四，宽以待人，乐于助人。

第五，具有积极的交往态度。

第六，交往动机端正。

（七）适应能力强

较强的适应能力是心理健康的重要特征，不能有效处理与周围现实环境的关系是导致心理障碍的重要原因。心理健康的大学生，应能与社会保持良好的接触，对社会现状和未来有较清晰、正确的认识，思想和行动都能跟上时代发展的步伐，与社会的要求相符合。这里所讲的适应，不是被动、一味地迎合，甚至与不良风气、落后习俗同流合污，而是在认清社会发展趋势的基础上，主动适应社会发展的要求。心理健康的大学生不会逃避现实，更不妄自尊大、一意孤行，做出与社会要求背道而驰的行为。

（八）心理行为符合大学生的年龄特征

大学生是处于特定年龄阶段的特殊群体，应具有与年龄和角色相应的心理行为特征。一个大学生若经常做出严重地偏离正常心理特征的行为，则有可能是心理异常的表现。

第二节 大学生心理发展的矛盾、心理健康问题及影响因素

从发展心理学的角度看，在校大学生正处于青春期的中后期，大学生在人格上将逐步完成从青少年向成年人的过渡和转变，从而建立起自己稳定的人格结构，在心理上和经济上逐步摆脱对家庭和父母的依赖，从而走向独立和成熟。在这一人生发展急剧变化的时期，在校大学生面临很多重要的人生发展课题，必然会遇到各种困惑和矛盾。在大学期间，有相当一部分大学生不能正确对待遇到的各种问题，从而感到困惑和迷茫，有的甚至发展成为心理障碍。

一、大学生心理发展的矛盾

个体的心理发展，从一定意义上来说，就是指个体从出生到死亡的心理发生、发展和变化的过程。心理学将个体心理发展按其阶段不同划分为乳儿期、婴儿期、幼儿期、童年期、少年期、青年期、成年期和老年期。其中，青年期又可具体分为三个阶段。

青年前期：相当于高中阶段，个体的生长发育进入"第二次生长高峰"，心理特征，特别是人格心理特征变化明显。

青年中期：相当于大学阶段，生长发育、心理发展均趋于成熟。

青年晚期：相当于完成学业、选择职业、组建家庭、走向社会的初期阶段，生长发育和心理发展相对稳定。

处在青年中后期的大学生风华正茂，心理发展趋于成熟，但在其心理发展过程中依然存在各种不平衡和不协调的因素，由此导致大学生的心理活动呈现出矛盾的状况。

（一）独立与依赖的矛盾

大学生离家求学，脱离了家庭的约束，也摆脱了升学的压力，有更多的机会观察世界、发现自我。他们想用自己的眼睛寻找真理，不再一味地遵从师长和世俗的要求，可

是他们经济还不独立，经历还不丰富，思维还不深刻，他们想独立但又很难摆脱依赖，就像空中的风筝，既想自由翱翔，又不忍挣断风筝线，风雨来时，还想投入母亲的怀抱。

（二）封闭心理与渴望理解的矛盾

由于拥有了人格化的自我，大学生每个人都有一个只属于自己的空间，别人无法涉足，但他们又处于渴望友谊、期待理解的年龄，一声赞许会令他们欣然，一丝微笑会使他们兴奋，他们把自己的心灵之门小心地锁上，又把钥匙挂在旁边，他们希望有一个细心的人能开启自己的心灵之锁，然后推门而入。

（三）理想与现实的矛盾

大学生是天之骄子，是象牙塔中理想与梦幻的化身。他们有的是热情，有的是精力，总觉得自己是未来社会的撑船人，世界属于自己。可是一接触社会现实则会发现，社会并不完全按照自己的思维运转，他们的高谈阔论很少被别人采纳，一腔热血有时换来的是冷嘲热讽。理想的泡沫在现实面前破碎后，他们痛苦、愤怒、郁闷，找不到自己的位置、自己的路。世界充满了成功的机遇，但挫折和失败却比成功更多。大学生处在一个容易欣喜和沮丧的年龄段，还不知道如何面对成功与失败。

（四）求知欲强与鉴别力低的矛盾

在上大学前，学生一直埋头于课本与题海中，一旦没有了升学压力，那处于巅峰的感知力和记忆力则令他们"胃口大开"，他们像饥渴的孩子一样涌向大学图书馆，阅读大量的哲学、文学、艺术书籍，各种思想涌入他们缺乏鉴别力的大脑，读了一阵后，又可能出现新的迷茫与困惑，迫切需要读书的"指南针"。

二、大学生心理健康方面存在的问题及其影响因素

（一）大学生心理健康方面存在的问题

相关的心理健康调查结果显示，目前我国大学生的心理健康状况令人担忧，在校大学生出现心理障碍倾向的比例在30%左右，而存在较严重心理障碍的约占10%。不过，大学生是否就是心理障碍的高危人群，目前下结论尚早。大体说来，目前，大学生的心

理健康方面存在的问题，主要表现在四个方面。

1. 环境适应不良产生的心理矛盾和困惑

环境适应不良主要发生在大学新生群体之中。从中学进入大学是大学生人生中的一个重要转折，在这个转折中，如果难以适应生活环境和人际环境，就会产生心理矛盾和困惑。如果这些矛盾过于激烈和持久，就容易导致心理压抑，甚至引发心理疾病。

2. 学习和考试的压力过重导致高度紧张和焦虑

学习仍是大学生生活的主旋律，而学习进度的快慢、学习内容的繁简、学习难度的大小、学习成绩的好坏都会使大学生的心理发生变化。特别是当人才进入市场，学业的好坏成为影响就业的主要因素时，有的学生因学习和考试的压力而出现一定程度的心理问题。

3. 人际交往不适导致的烦恼和孤独

社会心理学的研究表明，人们的心理矛盾乃至心理疾病的产生，大多是由人际交往不适造成的。由于大学生是处在特定阶段的特定角色，缺少社会生活经验和社会交往的阅历，然而随着环境的改变、生理和心理的逐渐成熟，他们产生对友谊和爱情的渴望，时代的发展也对大学生的人际交往能力提出了更高的要求，因此不少大学生常常因为沟通不良、人际关系失调而产生烦恼、自卑、压抑、焦虑、孤独和恐惧等情绪，严重者则会患上生理和心理疾病。

4. 人生价值观上的消极取向导致认知上的偏执

大学生一向被认为是心理最为健康的一部分人，他们关心政治，思维敏锐，乐于进取。在新形势下，社会价值观呈现多元化发展趋势，一部分大学生对人生态度和人生意义缺乏正确的理解，他们在价值取向上，或过分强调自我价值的实现、过分夸大自我作用，或自我否定、自我拒绝，在处理个体与集体、个人与社会的关系上，常常存在消极评价倾向和过激的心理状态。

（二）导致大学生出现心理健康问题的因素

导致大学生出现心理健康问题的因素是多种多样的，既有个体发展过程中的家庭环境、教育环境和社会环境等因素，又有个体发展过程中自身主观的因素。

1. 社会因素

著名社会学家费孝通说："我国当前正处在一个大变革时期，这个变革包括几千年沿袭下来的文化、观念的变革，因此不可避免地会出现因适应不良而产生的各种心理障碍。"这就要求人们及时地进行自我调整，以便适应新的社会生活环境。然而，大学生正处于世界观、人生观的形成期，生理和心理发展处于不稳定阶段，容易造成价值观的混乱和情绪的起伏不定，致使他们心理复杂而动荡不安。加之大学生缺乏社会经验，心理承受能力和调节能力较差，因而在发展变化迅速、高效率、快节奏和激烈竞争的社会中出现各种心理困惑也就在所难免。

2. 家庭因素

家庭环境和教育对个体人格的形成具有重要的影响。家庭是每个人成长的第一环境，父母是孩子的第一任老师，父母的文化程度、职业特点、性格特征、价值观、人生观和教养态度、教养方式直接影响着孩子的人格特点和心理素质。父母的病态心理常常会引发子女产生心理疾病，父母心理不健康也成为家庭不安定的潜在因素，并直接影响到子女的心理健康。不正常的家庭内部关系会造成一个人不适当的心理行为，家庭气氛紧张，尤其是父母离异，往往会使孩子形成不良的性格特征，如冷漠、孤僻、自卑、多疑等，这些不良性格特征使得大学生在人际交往方面出现障碍，表现为缺乏生活热情、缺乏关爱、人际关系淡漠、人际交往羞怯、恐惧等心理问题。

3. 学校因素

学校是大学生生活、学习的主要场所，对大学生的身心健康会产生直接影响。我们的中小学教育一直是围绕着高考而运转的，学习成绩决定能否考上大学，使得教师和家长把目光死死地投向学生的分数，而几乎完全忽略了他们的身心是否健康。当这些没有接受过系统、正规的心理素质训练的学生进入大学后，面对新的环境、新的学习方式和人际交往时，便会出现各种各样的烦恼和困惑，如果得不到及时调整和解决，就会产生心理问题或心理疾病。

4. 大学生自身因素

大学生自身因素是影响和制约大学生心理健康的主要内因，一般表现为以下九个方面：

（1）自我意识缺乏客观性和正确性。大学生的自我意识是大学生心理发展中具有突出特色的方面，是人格发展的最集中表现之一。自我意识包括自我评价、自我体验和自我控制等。

大学生对自我评价有浓厚的兴趣，但却常常缺乏客观性。有时自我感觉太好，自我期望值过高，偏离实际水平；而一旦遇到挫折和不幸，又容易出现逆转，走向对立面，产生自卑情绪，自我评价过低，不能客观、正确地认识自己。

大学生的自我体验强度大，但不稳定。大学生对自己的发展和社会地位日渐关心，对自己的一切行为举止极易产生强烈的内心体验，但自我体验有着较多的情感性，所以不够稳定。他们常常会因为自我目标和现实目标有差距而心灰意冷、意志消退，出现自卑、抑郁、悲伤、痛苦等负面情绪。

大学生的自我控制水平明显提高，但却缺乏持久性。大学生进入大学后，一般都能按照自己的理想和追求规范自己的行动，并能逐渐以社会标准和社会需求调节自己的行动。但同时，大学生的自我控制缺乏持久性，经常出现忽高忽低的起伏现象，自由散漫、懒惰、沉沦、失落、迷茫、情绪过度高涨和过度低落等就是其具体表现。

（2）缺乏科学的社会认知。在社会的急剧变革中，人们所推崇的价值体系和行为规范受到冲击，而新的道德行为规范尚未完全建立起来，人们普遍感到困惑、焦虑、无所适从，甚至出现享乐主义、拜金主义和极端个人主义等非理性行为。这使处于敏感期的大学生出现种种心理不适，对社会的复杂性缺乏科学、全面、正确的认知，受消极情绪影响较多，产生悲观、失望、消沉、偏激等心理问题，甚至形成攻击型和反社会型人格障碍。

（3）缺乏人际交往能力。由于大学生面对来自不同地域、不同教育背景、不同经济状况、不同风俗和生活习惯、不同学业期待的新同学，建立协调、友好的人际关系是非常重要的。虽然大学生们整天在一起学习、生活，交往的机会很多，交往的内容也非常丰富，但大学生间的交往较中学时期要复杂、难处理得多，而在大学生中有不少人既缺乏应有的交往意识和能力，又缺乏形成良好人际关系所必需的人格品质。因此，许多大学生常常感到人际关系上的压力，一些人甚至陷入人际交往危机，主要表现在以下五个方面：

第一，缺乏自信心。有的学生认为对任何事情如果不反复确认就放心不下，有的学生因缺乏自信心而害怕社交或不愿意参加社交活动。

第二，在社交场合十分拘谨，过多地考虑自己的形象。

第三，以自我为中心，过分地苛求别人。对他人的言行吹毛求疵、挑剔、猜疑，缺乏理解、尊重和同情心。

第四，不太宽容，不会设身处地为别人着想。

第五，过分固执、任性、偏激，甚至喜怒无常。

（4）生活环境变迁。心理学研究表明，个体所处环境的巨大变迁会使个体产生心理应激，生活环境的变迁对于大学新生来说是一个不小的挑战。由于环境的改变、角色的变化、生活方式的变更，再加上大部分学生要远离父母长期住校，他们的独立生活能力、适应能力、交往能力欠缺，以及缺乏必要的思想上、心理上的准备，便产生了程度不同的适应困难。强烈的失落感必然会引发思乡念旧的情绪，焦虑、恐慌、苦恼、不安也会在很长时间里影响着大学生的心理发展。

（5）理想与现实的冲突。在上大学之前，每名学生都在内心勾画着大学的轮廓：校园是那么温馨美丽，专业学习是那么得心应手，大学教授是那么超凡不俗……然而，进入大学以后，发现其与自己理想中的大学相差太远。理想与现实的差距越大，大学生的心理就越难以平衡。因此，他们便会产生不满、失落、抱怨和自卑等心理。

（6）情感、情绪上的困扰。情感、情绪上的困扰是大学生心理困惑最主要的表现形式。从调查中了解到，32.26%的大学生认为自己的情绪起伏过大，28.43%的大学生认为自己缺乏热情和积极性，29.96%的大学生认为自己的情绪易被破坏。这说明大学生情绪倾向性较高，而情绪控制能力较弱，易受外界的暗示和干扰。

（7）学习、考试的压力。有一部分大学生不适应大学的学习方式，仍然像中学时那样依赖课堂，依赖父母、教师的监督，因此学习效率很低；有一部分大学生由于整天忙于娱乐、上网、谈恋爱、看小说，跟不上学习进度，产生考试焦虑；还有些大学生为了取得好成绩，整天埋头于书本，缺乏必要的放松和休息，长期处于紧张状态，导致心理疲劳。

（8）恋爱问题。处在青春期后期的大学生，由于身心发展逐渐成熟，非常渴望同异性接触，而大学自由、宽松的环境也为男女生的交往提供了良好的机会。此外，受文学作品、电影、电视剧中男女恋爱桥段的影响，或在越来越多的谈恋爱的师兄、师姐的影响下，很多大学生在没有做好充分的心理准备、不加冷静思考的情况下便盲目地坠入爱河。但是，由于许多大学生缺乏对爱情的认识和情感的把握能力，当在恋爱中出现矛盾、纠纷，甚至失恋时，就会情绪低落、痛苦不堪。

（9）择业困难。随着社会主义市场经济体制的逐步建立和完善，以及高等教育改革的进一步深化，我国的就业制度由统一分配变化成面向市场、自主择业。大学毕业生经过四年的拼搏进入择业阶段，这是决定自己前途的关键时刻。大学生能否顺利择业，取决于择业的客观环境因素和择业的主体因素两个方面，包括家庭的期望、学校教育的目标与质量、社会就业的形势与信息、个人的素质和人格特征等。由于现阶段我国仍处于经济转型时期，各个地区的经济发展不平衡，各种产业结构又处于调整和改革之中，原有教育体制下培养的毕业生往往在专业上、知识结构上不能适应新的产业结构和高新技术发展的需要，就会在一个时期、一些地区出现大学毕业生供需脱节的现象，使大学生的就业遇到暂时的困难。另外，大学生在择业的过程中，还会受到自身的择业动机、就业目标选择、实际情况等影响。据统计，在被调查的大学生中，在择业中感到"很焦虑"的占6%，感到"焦虑"的占24%，认为找到理想工作"很难"的占14%，认为"比较难"的占49.8%。由于大学生的就业形势不乐观，择业竞争日益激烈，就业压力不断增大，而相当一部分大学生在择业的经验上、心理上、技能上还有欠缺，因此在择业过程中常常感到焦虑、无助、迷茫和自卑。这些问题如果处理不当，轻者会影响就业选择，重者会引发心理疾病，极大地影响个人的发展和身心健康。

第三节 在高校开展心理健康教育的意义

一、开展心理健康教育是社会发展的需要

21世纪对人才的心理素质提出了更高的要求，要想取得成功，不仅要有良好的思想道德素质和科学文化素质，而且要有创新的精神、进取的态度、竞争的意识、应变的能力、沟通的技巧、充分的自信、积极的思维、乐观的态度、健康的情绪和成熟的人格。因此，要想在未来的社会中更好地生存和发展，没有良好的心理素质做保证是不行的。

二、开展心理健康教育是适应全面推进素质教育的需要

全面推进素质教育是党中央、国务院从我国社会主义事业兴旺发达和中华民族伟大

复兴的大局出发作出的重大决策。高校作为培养社会主义建设者和接班人的重要阵地，全面推进素质教育是其工作目标。

素质教育是依据人的发展和社会发展的实际需要，以全面提高全体学生的基本素质为根本上的，以尊重学生主体和主动精神、注重开发人的智慧潜能、注重形成人的健全人格为根本特性的教育。

素质是从心理学中发展来的一个概念。心理学认为，素质是指人的身体和心理发展的客观基础，人的发展是从量的积累到质的变化连续不断的过程。每一个阶段新质的出现，都为下一个阶段的发展奠定一定的基础，进而促成其在新的水平上生长。人的可教育性，就是在不断提高基础水平的变化中体现出来的，素质是一个人处于发展中的基础条件。

个体的素质结构主要包括生理和心理两大基本要素，无论是古希腊时期的"身心既美且善"，还是现代社会提出的"个体和谐发展"，无一不认为个体素质结构包含身和心两个基本方面。

生理素质主要指人的身体发育、机能成熟和体质的增强。心理素质则指人的认识、情感、意志及人格的发展与完善。素质教育可相应地分为身体素质教育和心理素质教育。

心理素质教育通过有目的、有计划地对受教育者的心理施加影响，使其提高心理健康水平，全面发展人格，注重学生潜能的开发和各种优秀心理品质的培养与发展，同时预防各种异常心理和心理问题的产生。

近年来，我国大学生心理健康教育工作虽然得到较大进步，在推进大学生素质教育中发挥了重大作用，但还应看到，我国大学生心理健康教育工作还不能适应新形势的发展，特别是还不能满足全面推进素质教育的需要，存在着在新形势下对大学生心理健康教育的任务、对象、特点和规律认识不高、研究不深的问题，特别是对心理健康的认识不到位，还没有把这项工作放到应有的位置上。

因此，我们要通过开展大学生心理健康教育活动，引导和帮助大学生提高其对心理素质在人的整体素质中的作用的认识，引导和帮助大学生正确处理好心理素质与其他素质的关系，引导和帮助大学生了解和掌握心理健康的必要知识，引导和帮助大学生优化人格品质、增强心理调适能力和社会适应能力，为大学生全面发展和协调发展创造相应的条件。

三、开展心理健康教育是适应新形势下学校德育工作的需要

心理健康教育作为德育工作的重要组成部分，不仅是由于是教育部的规定和要求，更重要的是适应新形势下高校德育工作开展的迫切需要。

近年来，中共中央、国务院及其教育行政部门逐渐将大学生心理健康教育纳入学校德育范畴，使高校德育工作的外延和内涵有了新的拓展。教育部在《普通高等学校大学生心理健康教育工作实施纲要（试行）》中明确要求把大学生心理健康工作纳入学校德育工作管理体系中。中共中央、国务院在《关于进一步加强和改进大学生思想政治教育的意见》中把大学生心理健康教育作为对大学生进行思想政治教育的重要内容，其明确提出，在高校"要建立健全心理教育和咨询的专门机构，配备足够数量的专兼职心理健康教育教师，积极开展大学生心理健康教育和心理咨询辅导，引导大学生健康成长"。由此可以看出，加强大学生心理健康教育，不仅是德育的重要组成部分，而且是加强改进德育工作的重要保证。

随着我国社会改革的深入开展，社会情况发生了复杂而深刻的变化，高校德育工作面临的形势更复杂，任务更繁重，工作更艰巨。面对新情况、新特点，增强高校德育工作的时代感、针对性和实效性，不但迫切需要马克思列宁主义的强有力指导，而且迫切需要包括心理健康教育在内的多方位、多形式的强有力的配合。

四、开展心理健康教育是自我发展的需要

开展心理健康教育是大学生自我发展的需要，大学生要想成为出类拔萃的人，不仅要有良好的身体，而且要有健康的心理，并且两者还要有机地结合在一起。

大学生正处在迅速走向成熟但又未完全成熟的过渡时期，各种心理活动异常活跃，同时也充满了矛盾与困惑。在这一年龄阶段，他们的自我调节能力还不完善，当面临新的环境、学习压力、人际关系等一系列问题时，常常会因为遇到挫折、困扰而引起情绪波动，甚至会心烦意乱。大多数学生在面临这些问题或冲突时，通过朋友的帮助、书籍的影响、教师的指导、家长的协助等，能及时地进行自我调整而保持健康的心理状态，能愉快地生活、学习和交往，但也有少部分学生无法依靠自己的力量改善这种状况，久而久之，就会发展为程度不同的心理困惑或心理疾病，以致影响正常的学习和生活。开

展心理健康教育，可以使那些心理比较健康的学生尽快地缩短适应期，提高学习效率和生活效率，也可以使有心理障碍的学生及时得到矫治，尽快恢复到健康的状态。

第四节　开展大学生心理健康教育的有效途径

大学生心理健康教育作为一种教育活动，与其他教育一样，有其自身的发展特点和规律。为了有效地开展心理健康教育活动，使大学生心理健康教育真正发挥"德育的重要组成部分""素质教育的重要举措""促进大学生全面发展的重要途径和手段"作用，要在认真研究大学生心理健康发展特点的基础上，积极地探索大学生心理健康教育的有效途径。

一、学习科学理论，树立科学的世界观和人生观

努力学习科学理论，牢固树立科学的世界观，是开展大学生心理健康教育的核心内容。从社会心理学的角度看，人生观是人们心理现象的最高层次，人生观对心理结构具有优化作用。人生观作为一种观念形态，一经形成，就对人的思想起着巨大的反作用，对人的需要、动机、理想、信念及其对待现实的态度都将产生重大的影响和制约。一个人如果有了正确的世界观和人生观，那么这个人就能对社会、对人生、对世界上的事物有正确的认识和了解，并能采取适当的态度；就能使人站得高、看得远，并正确地体察和分析客观事物，做到冷静而稳妥地处理事情；也能使人心胸开阔，保持乐观精神，提高对心理冲突和挫折的耐受能力，从而防止产生心理障碍，有利于保持心理健康。

二、提高文化素质，塑造完善人格

对大学生来说，提高综合文化素质，不仅是帮助其形成良好思想道德和专业素质的

重要基础，也是帮助其开阔视野、活跃思维、升华人格、陶冶情操的重要条件。大学生通过提高综合文化素质，可以形成正确的自我意识，有效地克服自卑或自傲心理，保持一种豁达的心态，形成自律、自强、自立的良好品格。

提高大学生的综合文化素质，应以教育为前提，首要的是加强对大学生的文化素质教育，把加强文化素质教育贯穿大学教育的整个过程，实现教育的整体优化，最终达到教书育人、提高素质的目的。要切实抓好课程教育，开设提高文化素质的必修课和选修课。对理工科学生来说，应重点开设文学、历史、哲学、艺术等人文社会科学的课程；对文科学生来说，应适当开设自然科学课程。所开设的课程，要在传授知识的基础上，更加注重大学生人文素质和科学素质的养成和提高。

学校应组织大学生开展各种形式的社会实践活动，有计划地组织大学生去开展社会调查、参与社会服务等，引导大学生投身社会、投身实践，在实践中提高自身的修养。

三、优化校园环境，营造健康氛围

加强校园文化建设，通过开设各种课外活动，营造积极、健康、高雅的氛围，使大学生从中受到熏陶和感染，进而促进个体的和谐发展；共青团、学生会等社团组织可开展演讲、辩论、知识竞赛、体育比赛等活动，使学生的思维能力、语言表达能力、合作意识、意志品质等心理素质得到发展；通过"5·25"大学生心理健康宣传日、学校广播、电视、网络、校刊、橱窗、板报等，广泛宣传、普及心理健康知识，使学生能够经常地接受心理健康教育，积极主动、自觉地提高心理健康水平。

四、创造有利条件，建立健全教育网络体系

大学生心理健康教育工作是一项系统工程。要积极创造条件，建立健全以课堂教学与课外教育指导为主要渠道和基本环节，形成课内与课外、教育与指导、咨询与自助紧密结合的心理健康教育网络体系，确保大学生受到系统的心理健康教育和指导。

（一）建好一个中心

学校要成立大学生心理健康教育咨询中心，负责大学生心理健康教育工作的整体规

划、组织协调和运行工作；负责全校学生心理健康教育和相关的心理学科公共选修课教学大纲的制定，负责教学计划制订、授课任务及各种规章制度制定；开展心理普查，建立心理档案，开展团体训练、个体咨询和心理危机干预等工作。

（二）开设好一组课程

构建合理的心理健康教育体系，充分发挥课堂教学在大学生心理健康教育工作中的主渠道作用，通过课堂教学向广大学生传授心理健康知识和心理调适方法，帮助大学生提高适应社会生活的能力并养成良好的人格品质。在此基础上，开设着重帮助大学生培养优良心理品质、提高心理调适能力和社会适应能力、培养综合素质，如社会心理学、交往心理、学习心理、成功心理等方面的公共选修课。针对各年级学生存在的普遍性问题，开设系列专题讲座和报告。

（三）打造一支专兼结合的师资队伍

大学生心理健康教育工作是一项专业性很强的工作，对工作人员的专业素质要求较高，因此培养一支专业化的骨干教师队伍是做好大学生心理健康教育工作的关键。高校要结合教育部办公厅印发的《普通高等学校学生心理健康教育工作基本建设标准（试行）》的通知，按学生比例配备专职、兼职教师，并加强师资培训，保证专职和兼职教师每年接受不低于 40 学时的专业培训，适时安排从事心理咨询的教师接受专业督导，使他们不断提高理论水平，丰富专业知识，积累教育经验。

（四）建立大学生心理健康教育三级工作网络

大学生的心理问题具有不同的层次，从一般的适应问题到严重的心理障碍或精神疾病都可能存在，因此帮助大学生解决心理问题，就要建立一个分层次的工作网络。

第一级工作网络：在每一个教学班选择一名对心理学感兴趣、有热情、愿意帮助同学的学生作为心理委员，通过培训使他们对心理健康知识有基本的了解，掌握一定的心理辅导方法和技能。学生心理委员来自不同的系列，共同的生活环境使他们易于与同学沟通，并容易发现同学中存在的各种问题，发现问题后可及时向学生干部或老师报告。

第二级工作网络：重视发挥学生干部在心理健康教育工作中的作用。学生干部是与学生打交道最频繁的人，他们对学生的人格特点、家庭状况、学习情况和人际关系状况等都比较清楚，因此在大学生心理健康教育工作中扮演着重要的角色。他们经过一定的心理咨询培训，对于大学生出现的一般性心理问题和发展性问题，在日常思想教育过程中就能全部或部分解决；对于有较为严重的心理问题的大学生，可由他们介绍到心理健康教育咨询中心，由心理咨询专业人员来处理。

第三级工作网络：发挥心理健康教育咨询中心专业人员的专业优势，解决大学生出现的较为严重的心理问题。对于个别学生出现的较严重的神经性障碍，由他们拿出诊断及处理建议报告，或休学，或转到专业医院进行治疗。

学生心理委员、学生干部和心理健康教育咨询中心专业人员三级工作网络的建立，为更好地落实大学生心理健康教育工作提供了有力保证。

（五）进一步做好大学生心理健康普查工作

通过科学的方法和手段，有效地将大学生中可能存在心理问题的学生筛查出来，并按照其严重程度进行分类，对问题较为严重的学生加强关注和帮助，实现对大学生心理问题及时发现、早期干预等，从而提高大学生心理健康教育工作的科学性和针对性。通过开展大规模的心理健康普查，有效扩大大学生心理健康教育工作在学生中的影响，同时为制订大学生心理健康教育计划和建立大学生心理健康教育档案提供有力支持，切实做好已筛查出的可能存在心理问题的学生的后期支持工作。

（六）积极开展有效的心理辅导和心理咨询工作

心理辅导和心理咨询是大学生心理健康教育中必不可少的辅助性工作。心理素质教育面向的是全体学生，而心理辅导和心理咨询则是有重点地针对少数有心理困惑和心理问题的学生进行帮助的一项工作。心理健康教育工作者可充分利用咨询室、心理信箱、心理热线和网络等，进行心理辅导和心理咨询，及时解决大学生的心理困惑和心理问题。

（七）心理健康教育要全面渗透到整个学校教育过程中

把心理健康教育与学校的德育工作、教学及日常管理工作有机结合起来，通过各项工作渗透心理健康教育。辅导员、班主任、"两课"教师和党政工团干部要有加强学生心理健康教育的明确意识，能够基本掌握有关心理辅导的理论和方法，在日常的思想政治教育工作和管理工作中，能将大学生的心理问题与思想问题区分开，及时、主动地与学校从事心理健康教育工作的教师合作，给予大学生及时的辅导和帮助。学校医疗保健机构应与学校心理健康机构相结合，为大学生开展心理健康教育和咨询服务。共青团、学生会和其他学生社团还可举办丰富多彩的活动，以便更好地提高大学生的心理健康水平。

第二章 大学生人格发展与心理健康

第一节 人格概述

人格是我们日常生活中经常使用的词汇，如"他具有健全的人格""他的人格高尚""他出卖了自己的人格"……这些描述包含了人格的多重含义，有法律意义上的人格，有道德意义上的人格，也有社会学意义上的人格。那么，在心理学中，人格的准确含义是什么呢？

一、人格的定义

人格一词，最初源于古希腊语 persona，此词的原意是指希腊戏剧中演员戴的面具，面具随人物角色的不同而变换，体现了角色的特点和人物性格，就如同我国戏剧中的脸谱一样，不同的面具体现了不同角色的特点和人物性格。

人格是心理学中探讨完整个体差异的一个领域。到目前为止，由于心理学家各自的研究取向不同，因而对人格的看法有很大的差异，综合各家的看法，可以将人格的概念定义为：人格是构成一个人的思想、情感及行为的特有模式，这个独特模式包含了一个人的区别于他人的稳定而统一的心理品质。

从定义中我们可以看出，心理学沿用了面具的含义，转义为人格，其中包含了两个意思：一是指一个人在人生舞台上所表现出来的种种言行，即人遵从社会文化习俗的要求而做出反应，人格所具有的"外壳"就像舞台上根据角色要求所戴的面具一样，表现出一个人外在的人格品质；二是指一个人由于某种原因不愿展现的人格成分，即面具后的真实自我，是个体的真实内心世界、本来面目，这是人格的内在特征。内外两方面相结合，就构成了现实生活中的人。

二、人格的特征

人格是一个具有丰富内涵的概念，其中反映了人格的多种本质特征。

（一）独特性

一个人有人格是在遗传、环境和教育等先天和后天因素的交互作用下形成的。不同的遗传、生存及教育环境，使得人形成了各自独特的心理特点。人与人没有完全一样的人格特点，如"固执"在不同的环境下有其特定的含义，在不同人身上也有不同的含义，在娇生惯养、过度溺爱的环境中，"固执"带有"撒娇"的意思；而在冷淡疏离、艰难困苦的环境中，"固执"带有"反抗"的意思，所谓"人心不同，各如其面"，正说明了人格是千差万别、千姿百态的，这就是人格的独特性。此外，生活在同一个社会群体中的人会有一些相同的人格特征，如中华民族是一个勤劳的民族，这里的"勤劳"品质，就是共同的人格特征。

（二）稳定性

人格具有稳定性，在行为中偶然发生的、一时性的心理特征，不能称为人格。例如，一名性格内向的大学生，在不同的场合都表现出沉默寡言的特点，这种特点从入学到毕业不会有很大的变化，这就是人格的稳定性。俗话说，"江山易改，秉性难移"，这里的"秉性"说的就是人格。当然，强调人格的稳定性并不意味着人的一生都是一成不变的，随着生理的成熟和环境的改变，人格也可能产生或多或少的变化。

（三）统合性

人格是由多种成分构成的一个有机整体，具有内在的一致性，受自我意识的调控，人格的统合性是心理健康的重要指标。当一个人的人格结构各方面和谐一致时，他的人格就是健康的，否则会出现适应困难，甚至出现"分裂人格"。

（四）功能性

人格在一定程度上会影响一个人的生活方式，甚至会决定某些人的命运，因而是人生成败的根源之一。当面对挫折与失败时，坚强者能发奋拼搏，懦弱者会一蹶不振，这就是人格功能的表现。

三、人格的结构

（一）气质

气质是表现在心理活动强度、速度、灵活性与指向性等方面的一种稳定的心理特征，即我们平时所说的脾气、秉性。人的气质差异是先天形成的，受神经系统活动过程的特性所限，孩子刚一出生时，最先表现出来的差异就是气质差异，有的孩子爱哭好动，有的孩子则平稳安静。

气质这一概念源于古希腊医生希克里特的体液说。他认为人体内有四种液体，即黏液、黄胆汁、黑胆汁、血液，这四种体液的配合比率不同，形成了四种不同类型的人。约500年后，罗马医生盖伦进一步确定了气质类型，提出人的四种气质类型是胆汁质、多血质、黏液质和抑郁质。

苏联生理学家巴甫洛夫用高级神经活动类型学说解释气质的生理基础，他依据神经过程的基本特性，即兴奋过程和抑制过程的强度、平衡性和灵活性，划分了四种类型。兴奋过程和抑制过程的强度，是大脑皮层神经细胞工作能力或耐力的标志，强的神经系统能够承受强烈而持久的刺激。平衡性是兴奋过程和抑制过程的相对力量，二者力量大体相同是平衡，否则就是不平衡。不平衡又可分为两种情况，一种是兴奋过程相对占优势，另一种是抑制过程相对占优势。灵活性是兴奋过程和抑制过程相互转换的速度，能迅速转化是灵活性的，不能迅速转化的则是不灵活性的。

现代的气质学仍将气质分为这四种典型的类型。

第一种，胆汁质。这种人情绪体验强烈、爆发迅猛、平息快速，思维灵活但粗枝大叶，精力旺盛，争强好斗，勇敢果断，为人热情直率、朴实真诚、表里如一，行动敏捷、生机勃勃、刚毅顽强。但这种人遇事常欠思量、鲁莽冒失，易感情用事、刚愎自用。

第二种，多血质。这种人情感丰富、外露但不稳定，思维敏捷但不求甚解，活泼好动，热情大方，善于交往但交情浅薄，行动敏捷、适应力强。他们的弱点是缺乏耐心和毅力，稳定性差，见异思迁。

第三种，黏液质。这种人情绪平稳，表情平淡，思维灵活性略差，但考虑周到，安静稳重，踏踏实实，沉默寡言，喜欢沉思，自制力强，耐受力高，内刚外柔，交往适度，交情深厚。但这种人行为的主动性较差，缺乏生机，行动迟缓。

第四种，抑郁质。这种人情绪体验深刻，细腻持久，情绪抑郁，多愁善感，思维敏锐，想象丰富，不善交际，孤僻离群，踏实稳重，自制力强。但他们的行为举止缓慢，软弱胆小，优柔寡断。

在现实生活中，单一气质的人并不多，绝大多数的人是四种气质互相混合、渗透、兼而有之的。气质是人的天性，无好坏之分，它只给人们的言行涂上某种色彩，但不能决定人的社会价值，也不能直接具有社会道德评价含义。一个人的活泼与稳重不能决定他的处事方式，任何一种气质类型的人，既可以成为品德高尚、有益于社会的人，又可以成为道德败坏、有害于社会的人。气质不能决定一个人的成就，任何气质的人，只要经过自己的努力，都能在不同实践中取得成就，也可能成为平庸无为的人。

（二）性格

性格是一种与社会关系最密切的人格特征，在性格中包含许多社会道德含义。性格表现了人们对现实和周围世界的态度，并表现在他的行为举止中，是个体对社会、对自己和对他人的一种心理倾向，它包括对事物的评价、好恶和趋势等方面。例如，当国家和集体财产遭受损失时，有人不惜献出自己的生命奋起保卫，有人则退缩自保，有人甚至趁火打劫。这就是人格对同一事物的不同态度，这些不同的态度表现在人们的不同行为方式中，它们构成了人的不同性格。

性格表现了一个人的品德，受人的世界观、人生观和价值观的影响，有的人大公无私，有的人自私自利。这些具有道德评价含义的人格差异，我们称之为性格差异。性格是在后天社会环境中逐渐形成的，是人的最核心的人格差异。性格有好坏之分，能最直接地反映出一个人的道德风貌。

德国心理学家斯普兰格依据人类社会文化生活的六种形态，将人的性格划分为六种类型，不同的性格类型具有不同的价值观成分。这六种性格类型分别是：（1）经济型，这种人注重实效，其生活目的是追求利润和获得财富，如实业家等；（2）理论型，这种人表现出具有探究世界的兴趣，能客观而冷静地观察事物，力图把握事物的本质，尊重事物的合理性，重视科学探索，以追求真理为人生目的，如思想家、科学家等；（3）审美型，这种人对现实生活不太关注，富于想象力，追求美感，以感觉事物的美作为人生的价值，如艺术家等；（4）权力型，这种人倾向于权力意识和权力享受，支配性强，其全部的生活价值和最高的人生目标就是满足自己的权力欲望，拥有某种权力和地位；（5）社会型，这种人能关心他人，助人为乐，以奉献社会为人生的追求目标；（6）宗教型，这种人信奉宗教，把信仰视为人生的最高价值。

四、影响人格的因素

在一个人的人生发展历程中，有许多因素会影响到人格的发展，人格的塑造是先天、后天因素共同作用的结果。研究表明，人格是环境与遗传交互作用的产物，在人格培养的过程中，既要看到个体的生物遗传影响，更要看到社会文化的决定作用。

（一）生物遗传因素

心理学家对"生物遗传因素对人格具有何种影响"的研究已经持续了很久，由于人格具有较强的稳定性特征，因此人格研究者会注重遗传因素对人格的影响。

对双胞胎展开的研究，被许多心理学家认为是研究人格遗传因素的最好办法，并提出了双胞胎的研究原则。同卵双胞胎既然具有相同的基因形态，那么他们之间的任何差异都可以归于环境因素造成的。而异卵双胞胎的基因虽然不同，但在环境上有许多相似性，如出生顺序、母亲年龄等，因此也提供了环境控制的可能性。系统地研究这两种双胞胎，就可以看出不同环境对相同基因的影响，或者在相同环境下不同基因的表现。研究结果表明，遗传是人格不可缺少的影响因素，但遗传因素对人格的作用程度因人格特征的不同而不同，通常在智力、气质等与生物因素关系较大的特征上，遗传因素较为重要，而在价值观、信念、性格等与社会关系紧密的特征上，后天环境因素更重要。人格发展过程是遗传与环境交互作用的结果，遗传因素影响人格发展的方向及形成的难易。

（二）社会文化因素

人一出生，便置身于社会文化之中，并受社会文化的熏陶与影响，文化对人格的影响伴随着人的终生，社会文化塑造了社会成员的人格特征，使其成员的人格结构朝着相似性的方向发展，而这种相似性又具有维系一个社会稳定的功能，这种共同的人格特征又使得个人稳稳地"嵌入"整个文化形态里。社会文化对人格的影响力因文化而异，这要看社会对文化的要求是否严格，社会文化的制约作用就越大，其影响力就越大。影响力的强弱，也视其行为的社会意义的大小而定，对于不太具有社会意义的行为，社会允许较大的变异，但若个人极端偏离其社会文化所要求的人格基本特征，不能融入社会文化环境之中，可能就会被视为行为偏差或有心理疾病。

社会文化对人格的影响力一直被人们所认可，它对人格的形成与发育具有重要作用，特别是后天形成的一些人格特征，如性格和价值观等。社会文化因素决定了人格的共性特征，它使同一社会的人在人格上具有一定程度的相似性，如民族性格等。

（三）家庭环境因素

家庭常被视为人类性格的加工厂，它塑造了人们不同的人格特征。家庭虽然是一个微观的社会单元，但它对人格的培育起到了至关重要的作用，家庭是社会的细胞，家庭不仅具有其自然的"遗传"因素，而且有着社会的"遗传"因素。这种社会遗传因素主要表现为家庭对子女的教育作用，俗话说的"有其父必有其子"，其中不无一定的道理。父母们按照自己的意愿和方式教育孩子，使孩子逐渐形成了某些人格特征。

孩子的人格是在与父母持续相互作用中逐渐形成的，富于感情的父母将会示范并鼓励孩子采取更富情感的反应，因此也会增强孩子的利他行为模式，而不是攻击行为模式，孩子的人格就是在父母与他们的相互磨合中形成的。孩子如果在批评中长大，就学会了责难；如果在敌意中长大，就学会了斗争；如果在虐待中长大，就学会了伤害；如果在支配中长大，就学会了依赖；如果在干涉中长大，就学会了被动、胆怯；如果在娇宠中长大，就学会了任性；如果在否定中长大，就学会了拒绝；如果在鼓励中长大，就增强了信心；如果在公平中长大，就学会了正义；如果在宽容中长大，就学会了耐心；如果在赞赏中长大，就学会了欣赏；如果在爱中成长，就学会了爱人。由此可见，家庭是社会文化的媒介，它对人格具有强大的塑造力。其中，父母教育方式的恰当与否，会直接决定孩子人格特征的形成。父母在养育孩子的过程中，表现出了自己的人格，并有意无意地影响和塑造着孩子的人格，形成家庭中的"社会遗传性"。

（四）学校教育因素

学校教育对学生的人格形成具有重要的作用。学校的生活扩大了学生的生活范围，丰富了他们的活动内容，对他们提出了更高的要求与更为实际的工作任务，在知识传授的课堂教学中，让学生在克服困难的过程中培养勇敢、顽强、坚定的性格特征。

教师是学生学习的榜样，在学生人格形成中起着极为重要的作用。有人研究了教师对学生的态度对学生性格的影响。研究表明，如果教师的态度是专制的，学生就表现出情绪紧张、冷淡、带有攻击性、自制力很差如果；教师的态度是民主的，学生就表现出情绪稳定、积极、态度友好、有领导能力；如果教师的态度是放任的，学生就表现出无组织、无纪律、自由散漫。不仅如此，教师还会以全部行为和整个人格来影响学生。他的高尚人格，如思想进步、强烈的责任心、富有同情心、谦虚、朴素等，会对学生产生深刻而积极的影响。而学生不喜欢的教师的教育方式让学生难以接受，教师的消极人格，如粗暴、自私、神经质等，会对学生产生自暴自弃、不求上进的不良影响。

（五）自我调控因素

上述各因素体现的是人格培养的外因，而外因是通过内因起作用的。人格的自我调控系统就是人格发展的内部因素。人格调控系统是以自我意识为核心的。自我意识是人对自身及自己与客观世界的关系的意识，具有自我认知、自我体验、自我控制三个子系统。自我调控系统的主要作用是对人格的各个成分进行调控，保证人格的完整、统一、和谐。它属于人格中的内控系统或自控系统。

自我认知是对自己的洞察和理解，包括自我观察和自我评价，其中自我评价是自我调节的重要条件。自我观察是对自己的感知、期望、行为，以及人格特征的评价和评估。当一个人不能正确地认识自我，只看到自己的不足，觉得处处不如人，就会自卑，丧失信心，做事畏缩不前，甚至失败；相反，过高地评价自己，盲目乐观，也会导致出现失误。因此，准确地认识自我，实事求是地评价自己，是自我调节和人格完善的重要途径之一。

自我体验是自我意识在情感上的表现，是伴随自我认识而产生的内心体验。当一个人对自己作出正向评价时，就会产生自尊感；作出负向评价时，便会产生自卑感。自我体验的调节作用体现在它可以使自我认识转化为信念，进而指导其言行。同时，自我体验还能够伴随自我评价，激励积极向上的行为或抑制不当行为。当一个人认识到自己的行为不当时，会产生内疚、羞愧的情绪，从而收敛并制止自己的不当行为再次发生。

自我控制是自我意识在行为上的表现，是实现自我意识调节作用的最终环节。当个体认识到社会要求后，会力求使自己的行为符合社会准则，从而激发起自我控制的动机，并付诸行动。当一个学生意识到学习对于自己的发展具有重要意义时，会激发起他努力学习的行动力，从而在行为上表现为刻苦学习、不怕困难、持之以恒、积极进取。自我控制包括自我监控、自我激励、自我教育等。

第二节 大学生的人格特征

整体上，当代大学生具有勇于开拓创新、努力取得成就的坚韧性，富有热情、自信心强等人格特征。但受到个人的主观原因和受家庭、学校、社会的影响，一些大学生存在不同程度的消极情绪和人格缺陷。发现这些问题并进行有效改善，有助于大学生将来更好地适应社会。

一、大学生人格的基本特点

大学阶段的学生年龄一般是在 18～25 岁，这个年龄阶段正是由青春期过渡到青年期的时期。大学生的生理发展在经历青春期的巨大变化之后逐步趋于稳定，与生理上的成熟一样，大学生人格的发展也逐步走向成熟和稳定。

（一）能正确认识自我

大学生能正确地认识自我，先是能够悦纳自我，基本上能接受一切属于自我的东西，从而形成对自己的积极看法；然后是自我客体化，对自己所拥有的和所欠缺的方面都比较清楚，理解现实自我与理想自我之间的差别。大多数人都有明确的奋斗目标和愿望，并为之而努力。

（二）对社会环境的适应能力较强，不断进行社会化活动

当代大学生对外部世界有着浓厚的兴趣，有广泛的活动范围和爱好，人际交往范围宽广，积极参与各种形式的社会实践。同时，能容忍别人与自己在价值观与信念上存在

的差异，能根据实际情况看待事物，而不是根据自己的主观愿望来看待事物。

（三）富有事业心，具有一定的创造性和竞争意识

大学生能把事业看成生活的重要组成部分，在事业上有较强的进取心和责任感；具有竞争意识，具有开放的思想观念；喜欢创新、勇于突破、甘愿冒险，独立性强，富有幽默感，态度务实。

二、大学生人格发展中的消极表现及因素分析

这里所说的大学生人格发展中的消极表现，主要是指人格发展的不良倾向。由于大学生心理发育还没有完全成熟，其人格表现出现一些偏差也在所难免。大学生应充分了解自己的个性，找出不良倾向并进行调适，这对于今后更好地适应社会是很有帮助的。

（一）自卑

自卑是自我评价过低的心理体验，在心理学上又称为自我否定意识。主要表现为对自己的能力、学识、品质等自身因素评价过低，心理承受能力脆弱，经不起较强的刺激，谨小慎微，多愁善感，常产生猜疑心理，行为畏缩、瞻前顾后。

（二）社交障碍

社交障碍是一个人自我防御心理过强的结果，他们常常过于担心被动，过于谨小慎微，过于关注自己，自信心不足。一项对近100所高校心理咨询机构负责人、骨干人员的问卷调查显示，在大学生咨询的问题中居于首位的是人际关系问题，约占各类问题总和的84%，而在人际关系问题中占首位的是社交困难。一项对部分本科生进行的抽样调查结果显示，有35%左右的大学生存在社交不良现象。

（三）懒惰

懒惰是不少大学生感到苦恼又难以克服的一种人格发展缺陷，是意志活动无力的表现。懒惰是影响大学生积极进取、张扬青春活力的天敌。

（四）狭隘

受功利主义影响，大学生中的"狭隘"现象有增无减。凡事斤斤计较、耿耿于怀、好嫉妒、好挑剔、容不得人等，都是心胸狭隘的表现。

（五）抑郁

抑郁是大学生常见的情绪困扰，是一种感到无力应对外界压力而产生的消极情绪，常伴有厌恶、痛苦、羞愧、自卑等情绪体验。

（六）焦虑

焦虑是个体主观上预料将会有某种不良后果产生或模糊的威胁出现的一种不安感，并伴有忧虑、烦恼、害怕和紧张等情绪体验。在紧张刺激不断增多、竞争不断增强的社会环境中，每个人都可能处于一定的焦虑状态中。适度的焦虑对于保持生命活力是必要的，这里所说的焦虑主要是指不适当的高度焦虑。

（七）自我中心

随着自我意识的发展，大学生越来越感到自己内心世界的千变万化、独一无二，他们越来越多地把关注的重心投向自我，尤其是那些有较强自信心、自尊心、优越感、独立感的学生，就比较容易出现自我中心倾向。对某医学院大学生的调查显示，有57.9%的男生和40.3%的女生具有自我中心倾向。当这种倾向与一些不健康的思想意识（如个人主义、自私自利思想）和心理特征（如过强的自尊心、唯我独尊等）结合时，就会表现出过分的、扭曲的自我中心。

三、影响大学生人格发展缺陷的因素分析

（一）生理因素

人的高级神经系统类型决定了人的气质类型，各种气质类型的人在人格上会有其特定的倾向性。例如，抑郁质的人更易形成抑郁、自卑、孤僻、固执、多疑等人格缺陷；胆汁质的人更容易形成冲动、狂躁、攻击性等人格缺陷。大学生处于青春发育后期，由

于缺乏科学系统的健康教育，青春期带来的生理变化常引起他们的躁动不安，会引发恐惧、抑郁、焦虑和冲动等人格发展缺陷。有些大学生由于不懂得人的一些正常生理发育规律，还会对发生在自己身上的一些"异常"行动进行自我斥责、自我怨恨、自我鄙视，整日郁闷或惶恐不安。

（二）心理因素

从大学生心理方面来看，他们在认识、能力、意志、情感、性格和气质等方面的一些缺陷，都会促使其形成人格发展缺陷。例如，当大学生担忧自己的前途，或缺乏理想追求，或对人格发展缺陷的危害性认识不足时，都会促使他们形成某些人格发展缺陷；而当大学生缺乏自理能力、人际交往能力，学习成绩不佳，或因个人的容貌不佳、生理缺陷、家庭贫困等而又不能正视和接受自我时，也会促使他们形成某些人格发展缺陷。一旦大学生形成了错误的世界观和人生观，就会放弃个人的道德修养，更易形成人格发展缺陷。

（三）社会因素

大学生所处的社会环境是导致他们形成人格发展缺陷的重要因素。从家庭环境来看，父母不和、缺乏父母关爱、家长期望值过高、家长的教育方式不科学、父母自身的人格不良倾向等，都是促使孩子形成人格发展缺陷的社会因素；从学校环境来看，教师的期望值过高、学生的学习负担过重，班风、校风不正，人际关系不和谐，以及教师的人格缺陷等，都是促使大学生形成人格缺陷的重要因素；从社会环境来看，社会上存在的各种不合理竞争、腐败现象，以及各种媒体的不良影响等，都会促使学生形成人格发展缺陷。

第三节 大学生健全人格的特征与培养

一、大学生健全人格的含义与特征

健全人格是指各种良好人格特征在个体身上的集中体现。具有健全人格的大学生最显著的特征是：他们能够有意识地控制自己的生活，掌握自己的命运，正视自己，正视过去，面对现实，着眼未来，渴望迎接生活的挑战，在实践中充分发挥自己的潜能并实现自身的价值。具体地讲，大学生具有健全人格，应有以下五个特征：

（一）对自身的态度

人格健全的大学生总是有意识地对自身进行适当的探索，他们能客观地评价自己的长处和短处，对自己的特点表示认同，做到悦纳自我。具有健全人格的大学生能够积极地开放自我，正确地认识自我，坦率地接受自己的不足，并对生活持乐观、向上的态度。

（二）自我成长

具有健全人格的大学生实现自己各种能力及才干的动机是高尚的，不是为了私利，而是为了公众利益，具有实现各种较高目标，如关心他人、实现理想等的强烈愿望和能力。他们具有自我发展、自我塑造与自我完善的能力，能够充分开发自身的创造力，创造性地生活，发现生命的意义，并选择有意义的生活。

（三）自主性

具有健全人格的大学生一般都会遵从自身的评价标准，有一定的行为规范。一般来说，他们的行为独立性很强，内心平衡，并且有完整的生活哲学。他们的人生态度乐观、向上，生活态度积极、热情，有正确的人生观与价值观，能够理性地分析生活事件，头脑中非理性的观念较少，人格独立，自信自尊。

（四）适应性

具有健全人格的大学生在困难和挫折面前具有忍耐能力，而不被困难所压垮。他们对于事物的判断更注重现实依据，而不是凭自己的主观想象。对于他人的内心活动，他们具有较为敏锐的觉察力。

（五）对环境的控制能力

具有健全人格的大学生有爱的能力、适应和调节自身的能力，能建立令人满意的人际关系，能够适应环境的要求，总是能有效地解决问题。他们心胸开阔，善解人意，宽容他人，既尊重自己，又尊重他人，对不同的人际交往对象表现出合适的态度，既不狂妄自大，又不妄自菲薄，在人际关系中具有吸引力。

二、健全的人格对大学生成才的重要意义

大学生的成长与成才会受到主观和客观诸多因素的影响和制约，健全的人格是重要的主观因素之一。健全的人格对大学生成才的重要意义，主要表现在以下五个方面：

（一）有利于大学生树立正确的人生观和价值观

人生的道路曲折漫长、坎坷不平，只有乐观向上并具有较强的适应能力，才能及时确立奋斗目标，形成强烈的社会责任感，为实现自己确立的奋斗目标自强不息、奋斗不止。

（二）有利于大学生的全面发展

大学生的全面发展是指德、智、体、美、劳等方面充分、和谐发展。大学生在校期间努力学习，经常参加学校组织的各种活动，培养、锻炼各种能力，以达到身心等各方面素质全面发展的目的，这需要满腔的热情、强烈的完善欲望，以及持之以恒的良好心理品质基础，即健全的人格作支撑。大学生如果没有健全的人格，其学习的积极性、主动性和持久性的发挥就会受到影响。

（三）是大学生心理健康的重要内容

健全的人格是一种内部心理机制和谐发展、外部活动具有高度效能的人格。大学生只有具备健全的人格，才能拥有健康的心理。而心理健康可以使大学生的心理经常保持平衡的良好的状态，以愉快的心态投入到紧张的学习中。

（四）有利于促进大学生的智力发展

大学生的学习活动是一种高层次的思维活动。健全的人格有利于培养、开发大学生的良好学习动机，提高大学生克服学习困难的毅力，激发大学生学习的创造性，从而提高学习的效率。

（五）有利于提高大学生的社会适应能力

大学生要想毕业以后立足社会、发展事业，除了学业优秀、身体健康之外，还必须具有能够从容应对各种社会变化的心理承受能力和应变能力，以社会认可的形式适应外部的环境。

三、大学生健全人格的塑造方法

自立、自信、自尊、自强是大学生健全人格的四大基础，也是未来创造型人才的必备素质，大学生应不断加强自我修养，成为自立、自信、自尊、自强的进取者。

（一）客观评价自我，完善自我意识

心理学研究表明，个体对自我的认识和评价越接近现实，自我防御就越少，社会适应能力就越强。反之，过低评价自己或过高评价自己，常会令人感到焦虑不安而产生心理问题。只有客观评价自己，不苛求自己，不为自己的缺点而沮丧，也不为自己的长处而自傲，能扬长避短，乐观自信，宽容豁达，才能促进个性的发展与完善。自我意识过强表现为以自我为中心，唯我独尊；自我意识过弱表现为唯唯诺诺，随波逐流。这些都不利于大学生的心理健康。自我意识良好的核心是自知与自爱。自知，即了解自己的能力、兴趣、爱好、性格、气质，以及自己的优点与缺点等。自爱，即自我接受、自我理解和自我负责，包括自尊、自信、自强和自制等。大学生要完善自我意识，建议做好以下四个方面：

第一，客观评价自我，接纳自我。一个人只有能够做到全面地、客观地评价自己并接纳自己，才能不断地完善自己、发展自己。大学生处在一个特殊的心理发展阶段，很少有人能够正确地、客观地、全面地评价自己，或评价过高，或评价过低，因此大学生最好能够保持平常的心态，即我不像自己所想象的那么好，也不像别人所说的那么坏。只有这样，才能发现和挖掘自己的潜力，克服自己的缺点，不断完善自我。在现实生活中，个人的发展和前途不总是由个人的主观意志来把握和决定的，我们必须面对现实，接纳自我。

第二，不苛待自我。一个人应该有理想，但不可抛弃现实生活，去盲目追求实际得不到的东西。过高地期望自己，不切实际地苛求环境，都会损害自己，造成心理的不平衡。大学生应当对自己的能力进行客观的评价，在学习和工作中付出最大的努力，但不要对自己提出不切实际的要求。

第三，不苛求他人。大学生在过高期望自己的同时，往往过高地期望他人，若他人达不到自己的要求，便大失所望，闷闷不乐。其实，每个人都有自身的个性与特点，他人是无法按照你的个人意愿行事的，强人所难本身就是一种认知错误。因此，大学生在学习、生活和交友的过程中，要正确把握自己，既不要强求自己，又不能苛求他人。

第四，疏导不良情绪。大学生要学会疏导不良情绪，在生活中常常会遇到不顺心的事，如考试失利、恋爱受挫、人际冲突等，均会引发焦虑、愤怒、忧郁等不良情绪，必须及时疏导、宣泄不良情绪，疏导的方法有合理宣泄、注意转移、目标升华等。同时，还应该培养幽默感，幽默可以起到消除误会、活跃气氛、减轻焦虑等作用。

（二）调整认知结构，培养乐观的情绪

认知态度直接影响一个人情绪的好坏，从而影响人们的心理健康。因为人的心理健康受情绪影响，所以情绪愉快心理就健康，情绪不愉快心理就不健康，而情绪是受人的认知态度所支配的。认知是人们对周围事物的看法和观点。一个人是否有正确、健康的认知，直接关系到他的心理状况。美国心理学家艾利斯认为，人的大部分情绪困扰问题，都来自于不合理的思考，即不合理的信念。其主要有三个方面的表现：一是绝对化，即以自己的意愿为出发点，对一切事物怀有必定会发生或必定不会发生的信念；二是过分概括化，这是一种以偏概全的、不合理的思维方式，常因一两件事而对自身及他人作出不合理的评价；三是糟糕透顶，即对事物的可能后果想得非常可怕、糟糕，一旦发生了

一点不好的事情，他们就认为糟糕透顶。人之所以陷入情绪的困扰，很多时候是自己使自己感到不快，是自己的不合理信念所致。大学生在出现情绪困扰时，应当检查一下自己的认知是否出现了偏差。如果出现了偏差，应主动地调整自己的看法和态度，从而尽量减少自己的负面情绪。情绪是心理健康的窗口，情绪的好坏不仅影响人的身心健康，而且还影响学习的效率、生活的质量、人际关系的和谐，以及个人潜能的发挥。因此，大学生要学会调节和控制自己的情绪。乐观的情绪、积极向上的生活态度，对于大学生健全人格的培养具有重要的意义。

（三）锻炼坚强的意志，提高心理承受能力

爱因斯坦说，优秀的性格与钢铁般的意志比智慧和博学更重要。坚强的意志是一切成就大事业的人的特征，良好的意志品质对于在顺境中成长起来的大学生更为重要，如果一个人能正确面对失败与挫折，能坦然对待不幸与痛苦，并在每一次失败和挫折之后，以更大的决心迎接未来的挑战，相信他会成为生活的强者。意志薄弱的人，往往会被消极、不良情绪所控制，被困难和挫折所击倒，从而造成严重的心理压力，而损害身心健康；意志坚强的人，则可以控制自己的情绪，克服各种困难和干扰，战胜挫折和逆境，以积极的心态和坚韧不拔的精神，面对人生的各种挑战。在人生实践中，只有经受住困难和挫折，在不利的环境中保持旺盛的精神状态，才能锻炼和形成坚强的意志。良好的心理素质可以使人保持良好的功能状态，人生难免会遇到不顺心的事情，一个心理素质良好的人，能较为轻松地克服困难和挫折，即使遇到较大的心理伤痛，也会在较短的时间内调整好自己的心态。提高心理素质，重要的是真诚地对待自己、对待他人。大学生应努力做到如下方面：自信、积极、乐观向上，富有幽默感；坦率真诚，不怕暴露自我，无论是优点，还是缺点，都敢于真实地袒露在别人面前，愿意让别人分享自己的快乐与痛苦；为人正直、不卑不亢，努力培养自己的心理承受能力，在遇到压力时，学会用理智思考问题，对生活环境中的一切学会多欣赏、少抱怨，有不如意之处，设法加以改善。

在大学生活中，受到各种主观和客观因素的影响和制约，大学生不可避免地会遇到挫折，如环境不适应、学习不如意、身体不健康、专业不满意、人际关系出现冲突和择业不理想等，从而导致心理失衡。因此，大学生应有意识地提高挫折承受能力。挫折承受能力是一个人适应环境的能力，提高自己的挫折承受能力，首先，要正确认识挫折对人的影响。挫折对人有利有弊，利者，能引导人的认识能力深化，成为成长的新契机；弊者，使人心理痛苦、情绪紊乱，甚至行为偏离正常轨道。其次，要认识到挫折的不可

避免性，面对挫折不害怕、不逃避、不气馁，在挫折磨炼中成熟，在困境中崛起。最后，提高挫折承受能力，还应该加强自身修养，自我反省、自我激励、积极进取、勇于实践，在社会生活中锻炼自己，向生活学习，向他人学习。

（四）志存高远，确立奋斗目标

高尔基说，一个人追求的目标越高，他的才能就发展得越快，对社会就越有益。理想目标是人们活动所追求的预期结果，是激发人的积极性、使之产生自觉行动的必要前提。人一旦没有了理想目标，就会意志消沉。大学阶段是人生道路上的重要驿站，要使大学生活有一个良好的开端，过得充实而有意义，必须尽快确立起新的理想目标。大学生只有具有明确的理想目标，并且热爱自己的专业，才能全身心地投入到所学的专业中，才会感到生活的美好，其人格才会朝着健全的方向发展。因此，大学生确定自己的理想目标，对于健全自己的人格至关重要。

大学生在确立理想目标时，首先，要考虑个人的理想目标与社会的需要相结合。其次，要考虑个人的理想目标与所学专业的要求相结合。第三，要考虑将个人的理想目标与自身的实际条件相结合。人与人的能力是有差异的，优势和劣势各不相同。因此，大学生在确立自己的理想目标时，必须考虑自身条件，全面分析自己的长处和短处，正视自己，扬长避短，切不可随波逐流。最后，要考虑长期目标、中期目标和近期目标。长期目标和中期目标必须有方案，近期目标是长期目标和中期目标指导下的具体目标，要具体可行。大学生应当积极进取，树立远大理想和志向，努力奋斗，乐观地看待未来，通过自己的努力实现理想，从而体验到成功的快乐，享受到生活的快乐，做一个乐观、自信的人。

（五）融入集体，建立良好的人际关系

具有健全人格的大学生应拥有许多亲密的同学和朋友，善于参加范围较广的活动，并在与人相处时诚恳热情，没有占有欲，无嫉妒心。因此，大学生要健全自己的人格，必须建立良好而又广泛的人际关系，努力做到如下方面：在与人相处时，能尽力遵循理性和公正的原则，同时又有热情、诚恳的态度；认识他人的情绪，具有准确评价的能力；能有效管理和调节自己的情绪，以利于营造和谐的人际氛围；尊重社会习俗，关心他人的需要；保持自尊和独立等。集体是人格塑造的土壤，通过与集体交往，自己的某些人格品质或受到赞扬、鼓励，或受到排斥、批评，从而有助于大学生进行有针对性的调整，而且集体能够帮助集体中的个体择优汰劣。积极参加集体活动和社会实践有助于大学生的心理健康发展。在社会交往中，大学生与他人建立友好的、正常的人际关系，可以开阔自己的视野、拓宽知识面，可以发挥和锻炼自己的能力，可以使自己的心情变得开朗、心胸变得开阔、精神变得愉快，从而有益于自己的心理健康。大学生在人际交往中，首先，要树立自信，大胆、热情地与他人交往。其次，要学会关心别人，在办任何事情之前，要想到还有别人，应把有限的方便让给别人，待人宽宏大量，要在同学间建立起友谊和信任。最后，要主动参加集体活动，热情帮助他人，扩大自己的交往范围。

总之，随着社会的发展，人类健康而幸福的生活越来越多地取决于人类自身的人格健康状况，并且人格的健康发展也是促进社会健康发展的一种力量。人格素质是大学生综合素质的重要组成部分，综合素质的发展和提高包含着人格素质的发展和提高，而人格素质的发展和提高对综合素质的发展和提高有着重要的促进作用。因此，健全人格的培养应成为大学生提高综合素质的重要内容。

第三章 大学生的自我意识

第一节 自我意识概述

大学阶段是一个人逐渐走向成熟的重要时期，也是自我意识的重要发展时期。大学生的自我意识发展对其世界观、人生观和价值观确立具有重要意义。在大学生自我意识发展的过程中有很多矛盾和冲突，要特别注重内心的活动状态并及时调整一些不良情绪，掌握一些调适策略，使自我意识朝着正确的方向发展。

一、自我意识的概念

（一）自我意识的界定

自我意识或自我概念主要是指个体对自己存在状态的认知，是个体对其社会角色进行自我评价的结果。在我们的经验中，觉察到自己的一切区别于其他人，就是自我意识。

具体来说，自我意识包括对自己三个方面的认识，即生理状况（如身体状况和外貌特征）、心理特征（如性格、兴趣、能力和行为习惯等）和人际关系状况（如自己与他人、与社会关系，自己的社会地位等）。自我意识包括本质的自我与自己的外表和行为的区别，我们以此确定自己，并在生活经历、反省体验和与他人的交往中加深对自己的了解。

对于青年人来说，自我意识的发展非常重要，只有在这一时期能够比较正确而客观地回答"我是谁"，才可能在将来以成熟、稳定的心态步入社会。

（二）自我意识的形成

1. 自我意识萌生时期（8个月～3岁，主要是生理自我的发展）

在生命降生之初，婴儿是没有自我意识的，婴儿一般在8个月龄左右生理自我开始萌生，这是自我意识的最初形态。到1岁左右，儿童开始能把自己的动作和动作对象区别开来，初步意识到自己是动作的主体。1周岁以后，儿童逐步认识自己的身体，开始意识到自己身体的感觉。一般到2岁左右，儿童逐渐学会用代词"我"来代表自己。3岁左右的儿童，自我意识有了新的发展。

2. 自我意识形成时期（3～14岁，主要是社会自我的发展）

3岁到青春期是个体接受社会化影响最深的时期，也是学习角色的重要时期。个体在家庭、幼儿园和学校中游戏、学习、劳动，通过模仿、认同、练习等方式，逐步形成各种角色观念，如性别角色、家庭角色、伙伴角色、学生角色等。这一时期，是获得社会自我的时期，他们开始意识到自己在人际关系、社会关系中的作用和地位，能意识到自己所承担的社会义务和享有的社会权利等。

3. 自我意识发展时期（14～24岁，主要是心理自我的发展）

从青春发育期到青春后期的十年左右的时间是心理自我的发展时期，自我观念渐趋成熟。这一时期，个人的自我意识具有两个特点：

（1）自我意识分裂为观察者的我和被观察的我，因而个人就能从自己的观点出发，认识、评价、衡量自己的心理活动。

（2）能够透过自我去认识客观世界，即由自我的观点来认识事物，而不是由他人的观点去评价、衡量事物。

4. 自我意识完善时期

如果说青春期是自我意识迅速发展并趋向成熟的阶段，那么青年期之后个体的自我意识则处于完善和提高阶段，这是由自我意识的局限性、矛盾性和片面性所决定的。

自我意识的形成与发展过程，正是一个人的人格成长过程，如果忽视了哪一阶段的健康成长，都可能会给一个人带来终生的遗憾。

（三）自我意识的结构

自我意识是一种多维度的、多层次的、复杂的心理现象，它由自我认识、自我体验和自我控制三种心理成分构成。这三种心理成分相互联系、相互制约，统一于个体的自我意识之中。

1. 自我认识

自我认识是主观自我对客观自我的认识与评价，自我认识是自己对自己身心特征的认识，自我评价是在这个基础上对自己作出的某种判断。自我认识的重点应放在三个方面：第一，认识到自己的身体特征和生理状况。第二，认识到自己在集体和社会中的地位及作用。第三，认识到自己的心理活动及其特征。

自我评价是自我意识发展的主要成分和标志，是在认识自己行为和活动的基础上产生的，是通过社会比较而实现的。

2. 自我体验

自我体验是主体对自身的认识引发的内心情感体验，是主观的我对客观的我所持有的一种态度，如自信、自卑、自尊、自满、内疚、羞耻等都是自我体验。自我体验往往与自我认知、自我评价有关，也与自己对社会的规范、价值标准的认识有关，良好的自我体验有助于自我监控的发展。对我们进行自我体验训练，就是让自己有自尊感、自信感和自豪感，不自卑、不自傲、不自满。

3. 自我监控

自我监控是自己对自身行为与思想言语的控制，具体表现为两个方面：一是发动作用；二是制止作用，也就是支配某一行为，抑制与该行为无关或有碍于该行为进行的行为。进行自我认知、自我体验训练的目的是进行自我监控，调节自己的行为，使自己的行为符合群体规范，符合社会道德要求，通过自我监控调节自己的认知活动，提高学习效率。为提高我们的自我监控能力，重点应放在促使一个转变上，即由外控制向内控制转变。我们的自我约束能力较低，常常在外界压力和要求下被动地从事实践活动，例如，只有老师要求自己做完作业后进行检查，自己才会进行检查。针对这种现象，我们应学会如何借助外部压力，来发展自我监控能力。

二、自我意识的内容

（一）生理我

生理我，又称生理自我，是指个人对自己的身体、健康状况、动作技能等方面的感受，包括身高、体重、视力、体力和相貌等可以量化或直观得到的指标。通俗地讲，就是个人对自身生理情况的认知程度。

（二）心理我

心理我，又称心理自我，是一个人对自己价值与能力的评价。从职业生涯规划的角度来看，拥有一个良好的心理我是相当重要的，许多心理实验都显示，个人对心理我的正确评估，会影响到他所设定的目标，进而使人产生截然不同的发展前景。心理我可以通过各种测评工具来检查，基本内容包括价值观、性格、气质、兴趣和能力等。

（三）社会我

社会我，又称社会自我，是指一个人在与他人交往中感知到的他人对自己的一种看法，以及自己的社会责任感。社会我会影响一个人的人际关系及其在社会中的角色定位，进而影响职业规划和发展。个人只有把自己融入社会，才能有长足的发展，得到社会的认可。

（四）道德我

道德我，又称道德自我，是指个人的基本道德水平和职业道德。一个人除了必须遵纪守法之外，还要在各方面都符合做人所具备的基本道德和所从事职业的基本职业道德。一个人要想在事业上取得成功，就要先提高自身的道德素质，只有人做好了，才能做好事。而只把眼睛盯在具体的事情上，无视或轻视做人的道德修炼，最终是不能把事情做好的。

（五）家庭我

家庭我，是指自己的家庭状况、在家庭中的角色、应承担的家庭责任等。

（六）优势我

优势我，是指自己与他人相比的特长和特殊能力。

三、自我意识的发展过程

进入青春期后，大学生的自我意识会出现"分化—冲突—统一"的过程，这是大学生自我意识不断发展、趋于成熟的过程。

（一）自我意识的分化

儿童的自我意识是一个尚未分化的整体，其意识内容主要停留在对自己外部行为和自己与周围关系的外部特征上。进入青年期，原来在儿童、少年时期统一不可分割的自我意识一分为二，一个是理想自我，另一个是现实自我。

理想的自我是一个人按照道德标准和社会要求形成的关于他想成为一个什么样的人的总观点，它与现实的自我往往存在一定的距离。现实的自我是关于他们确实像什么样的人的思想和态度。

在自我分化阶段，大学生对自我的评价常常是矛盾的，对自我的态度常常是波动的，对自我的控制常常是不自觉的、不果断的。他们忽而只看到自己的这一方面，忽而又只看到自己的那一方面；时而能较客观地评价自己，时而又不能这样做；时而肯定自己，时而又否定自己；时而感到自己什么都行，时而又感到自己幼稚无能；时而步入憧憬境界，对自己的现实缺乏意识，时而又厌恶自己长大，而留恋那无忧无虑的童年和不知愁滋味的少年；时而对自己充满自信，时而又感到自卑；要求有属于自己的空间，又渴望被理解、被接纳。

处在自我意识分化中的大学生，较之童年和少年有了更多的烦恼和痛苦。其实，痛苦是成长的代价，痛苦是成长的收获，痛苦是开始成熟的标志。它使大学生开始审视和探求自己微妙的内心世界，关注自己的内在体验，喜欢用自己的眼光和观点去认识和评价外部世界，开始有自己的价值探索和追求，产生了自我塑造、自我教育的紧迫感和实现自我目标的内驱力。

总之，自我意识的分化，促进了大学生思维和行为的主体性的形成，从而为客观地评价自己和他人、合理地调节自身的言行奠定了基础，这是自我意识开始走向成熟的标志。

（二）自我意识的冲突

自我意识的分化，使青年开始意识到自己不曾注意的许多"我"的方面和细节，发现理想我与现实我的差距。另外，由于处于发展阶段，自我形象不能很快确立，自我概念不能明确形成，因而自我冲突加剧，表现为内心冲突，甚至有很大的内心痛苦和强烈的不安感。

归纳起来，当代大学生自我意识的矛盾冲突主要表现在五个方面：

第一，"理想我"与"现实我"的冲突。大学生富于理想、志向远大、抱负宏伟、成就欲强，对未来充满了憧憬，一旦发现现实自我在许多方面与理想自我不相符时，就会苦恼、不安。这中间的强烈反差意义就在于它可以产生不竭的推动力，激发学生奋发图强的精神，不断追求、进取、攀登，使现实自我不断趋近理想自我。

第二，独立意向与依附心理的冲突。

第三，交往需要与自我闭锁的冲突。

第四，自信心与自卑感的冲突。

第五，追求上进与自我消沉的冲突。

（三）自我意识的统一

由自我意识的分化带来的种种矛盾冲突是大学生自我意识发展中的正常现象，也是大学生迅速走向成熟的集中表现。自我意识矛盾冲突，一方面，会使大学生感到焦虑、苦恼，可能会影响他们的心理发展和心理健康。另一方面，也会促使他们设法解决矛盾，来实现"理想我"与"现实我"的统一，由于个人的社会背景、生活经验、智力水平和追求目标等方面存在差异，大学生认识的分化、冲突、统一的途径不同，其结果也不同，统一的类型也不同。

由于自我意识的分化，导致了向我意识的矛盾性。因为理想的自我毕竟不同于现实的自我，青少年的自我通过矛盾冲突在新的水平和方向上达到协调一致，即自我统一。自我的统一有利于形成稳定的形象，否则，便可能产生两种极端的情况，一是对现实的自我夸大，而形成盲目优越、自大的特点，二是将现实的自我缩小，而出现自卑、退缩的心理特点。

心理学家埃里克森认为，在人格发展中，自我逐渐形成的过程在个人及其与周围环境的交互作用中起着主导的整合的作用。他对青少年心理的研究认为，青少年期面临的主要发展任务是自我同一性。自我同一性指个人对自身的本质、信仰和一生前后一致的、比较完善的意识。

第二节 大学生应形成正确的自我意识

大学阶段是大学生世界观、人生观和价值观形成的重要阶段，大学生会对自我有更加全面的评价，但在这一过程中也存在许多问题，如出现自卑、自傲、自负等心理，严重影响大学生的身心健康发展。因此，积极引导大学生正确认识自己，寻找自我疏导的方法，树立正确的自我观是非常重要的。

一、大学生自我意识的特点

在校大学生正处于自我意识发展的关键时期，其自我意识发展出现了许多新的特点。确定大学生自我意识发展的水平，应以其自我意识结构间是否协调发展为重要指标。如果要素协调发展一致，自我意识的发展水平就高；反之，如果要素协调发展不一致、不统一，自我意识的发展水平就低，就会出现障碍。

自我意识是多维度的、多层次的、复杂的心理现象，主要由自我认知、自我体验和自我调节三部分组成。大学生的自我意识能力发展，呈现以下三个特点：

（一）自我认知更趋主动、客观

自我认知是自我意识的认知部分，包括个人的自我感觉、自我分析和自我评价等。大学生的自我认知更具有主动性和自觉性，其原因有两个，一是个体生理趋于成熟，二是随着交往关系的扩大，个体的独立意识与社会化意识得到强化。

大学阶段时青年走向社会、走向工作岗位的准备阶段，大学生不仅要考虑自己与周围环境的关系，还要考虑个体的社会责任与前途等问题。因此，在大学生跨入校门之后，首先要面对的问题就是对自己作出一个较为符合实际的评价，即我是什么样的人、我应该怎样、我能成为什么样的人等。在评价的过程中，由于各类知识的增多，生活经验的扩大，大多数大学生对自己的分析和评价逐渐变得客观、现实和全面。

（二）自我体验更加丰富复杂

自我体验是自我意识的情绪成分，是人对自己情绪状态的反映。自我体验可以表现为自尊、自豪、自爱、自卑、自怜等情绪状态。大学生活实际上是个体对自我的重新认定和确证过程。中学时期的目标比较简单，就是如何考上大学。而进入大学之后，大学生面临专业选择、交友、恋爱、职业选择等一系列新的问题。大学生的自我体验仍然有一定程度的波动性，例如，在取得优异成绩时，就能产生积极、肯定的情绪体验，容易骄傲自满，忘乎所以，而当遇到挫折后，就容易产生自卑、悲观失望的情绪。多数大学生具有较强的自尊心，自尊心较强的人不仅对自己持肯定态度，也往往能够接纳别人，乐于参加社会活动。

（三）自我调节能力提高

自我调节是自我意识的意志部分，表明个体的自觉过程，包括监督、自我激励、自我控制、自我暗示等形式。大学生群体是一个特殊的群体，社会责任感和成就动力强烈，能够自觉、主动地确立自己的价值目标，并在实现自己理想的过程中调节自己，使自己的努力沿着既定的方向发展。他们期望摆脱对成人的依赖，独立进行思考和判断，喜欢当众表达自己的主张，以显示自己的价值和存在。

二、大学生自我意识存在的问题

由于大学阶段的学生还存有依赖性、理想化、盲目自信等心理特征，在初入大学之际，他们面临学习、生活的转折，会在一定程度上产生各种各样的矛盾与困扰，突出表现为以下三个方面：

（一）自傲

自傲是过高估计自己的一种自我认知。自傲者以自我为中心，表现出很强的优越感，处处表现自己，对自身的长处无限夸大，炫耀自己，容易指责和怪罪他人，挑三拣四，盛气凌人。

这部分大学生对自我的评价非常高，往往脱离实际，常常以理想自我代替现实自我，盲目自尊，虚荣心强，心理防御意识强，往往一味地把自己的意志强加于他人。其行为结果要么是缺乏理智、情绪冲动、忘记现实结果，要么是沉浸于虚无缥缈的自我设计中，要么是自吹自擂、自我陶醉，却不为现实而努力。

（二）自卑

自卑是由过多的自我否定而产生的自惭形秽的体验。有自卑感的人轻视自己，过分看重自身的短处，否定自己的长处或对长处没有足够的认识，因而常表现出胆怯、畏惧、怀疑、担心被人嫌弃和拒绝，在行为上采取逃避的方式。

自卑的大学生对自我的评价较低，时常缺乏价值感，缺乏自信心，自我排斥，自我否定。具有自卑心理的大学生遇事总会胆怯、心虚、逃避、退缩，他们不但不接纳自己，甚至自我拒绝、自我放弃，表现出没有朝气、随波逐流、缺少激情、生活没有目标，其结果是更加自卑，从而失去进取的动力。

（三）虚荣

虚荣是指追求虚假荣誉的一种心理状态。这种人把荣誉或引起人们羡慕和赞赏作为一种生活追求目标，常常不择手段地去获取荣誉。这种人很注意别人对自己的评价，又嫉妒任何比自己强的人，把别人取得的荣誉视为对自己的竞争和荣誉争夺。

具有虚荣心理的大学生，过度追求荣誉和赞美，为了引起别人的注意，常常采取极端的、不切实际的办法来达到自己的目的。这部分大学生在日常学习和生活中往往擅长交际，但缺乏真心朋友，常常自我逃避、自我虚夸，无法正确地看待自我。

三、大学生如何正确地认识自我

人生之路没有坦途，挫折使我们痛苦，但又是一种挑战和考验，激励我们成长，这是生活的辩证法。问题的关键不在于挫折的有无和强弱，而在于我们对待挫折的态度。如果把挫折比喻为人生的风雨，把大学时代比喻为多雨的季节，那么，当雨季来临的时候，我们就该及时扪心自问：我该怎样面对雨季，我的伞在哪里？

（一）正确地认识自我并客观地对待自我

悦纳自我是发展健康的自我体验的关键和核心。具体地说，悦纳自我要求做到如下内容：（1）接受自己，喜欢自己，觉得自己独一无二，有价值感、自豪感、愉快感和满足感；（2）性情开朗，对生活乐观，对未来充满憧憬；（3）平静而又理智地看待自己的长处和短处，冷静地对待自己的得与失；（4）树立远大的理想，激励自己不断克服消极情绪；（5）既不以虚幻的自我补偿自己内心的空虚，又不消极回避、漠视自己的现实，更不会以怨恨、自责，甚至厌恶来否定自己。

（二）正确的自我评价

正确的自我评价必须建立在正确的自我认知、正确的自我悦纳、积极的自我体验、有效的自我控制的基础上。自我悦纳是自我意识健康发展的关键所在。悦纳自我先要接纳自己，喜欢自己，欣赏自己，体会自我的独特性，在此基础上体验价值感、幸福感、愉快感与满足感；然后是理智与客观地对待自己的长处与不足，冷静地看待得与失。在生活中注重自我，自我意识是将注意力集中于自我的一种状态。积极的策略是关注你自己的成功，并将优势积累，每个人身上都有无数的闪光点，重点在于寻找你自己的闪光点并将其打造成亮丽的人生风景线。

（三）适度宣泄、尽早摆脱

如果心中苦闷，不妨找一两个亲近的人，把心里的话倾吐出来，这样，不健康的情绪就会得到宣泄。宣泄是一种自我心理救护，它可以消除因挫折而带来的精神压力。宣泄应当适度，不要像祥林嫂那样总是述说阿毛的故事，那只能说明你还没有从痛苦的阴影中走出来。

成为自己是当代大学生的具体行为之一，成为自己就是做一个自如的我、独特的我、最好的我。完善是一种境界，更是一种过程，也是人从个人"小我"走向社会"大我"的过程，只有本着科学的态度，投身于社会实践中，辩证地看待社会，分析自我，把握自我，才有可能最终超越自我。

第四章 建立和谐的人际关系

第一节 人际关系概述

一、人际关系的内涵

在人们的物质交往与精神交往中发生、发展和建立起来的人与人之间的直接的心理关系，叫人际关系。人际关系是社会关系的一个侧面，其外延很广，包括朋友关系、夫妻关系、亲子关系、同学关系、师生关系和朋友关系等。它受生产关系的决定和政治关系的制约，是社会关系中较低的关系。同时，它又渗透到社会关系的各个方面，是社会关系的"横断面"，因而又反过来影响社会关系。人际关系对群体内聚力的大小、心理环境的好坏有直接的、重要的作用。人际关系的形成包含认识、情感和行为三种心理因素的作用。认知因素包括对他人和自我的认识，是人际知觉的结果。情感因素是指交往双方在情绪上的好恶程度及对交往现状的满意程度，还包括情绪的敏感性及对他人、对自我成功感的评价态度等。行为因素主要包括活动的结果、活动和举止的风度、表情、手势及言语，即所能测定与记载的一切量值。在这三个因素中，情感因素起着主导的作用，制约着人际关系的亲密程度、深浅程度和稳定程度。可见，情感的相互依存关系是人际关系的特征。

二、大学生人际交往的特征

（一）平等意识强

大学生随着自我意识的发展，独立和自尊的要求日益增强，于是产生了强烈的"成人感"，交往的平等性要求越来越高。他们既对他人平等相待，又希望他人对自己也一视同仁，所以大学生更多地选择与同辈交往而远离父母，经常回避居高临下的教训，渴望平等交往。而那些傲慢无礼、不尊重他人，操纵欲、支配欲、嫉妒、报复心强的人常常不受欢迎，他们期待交往双方真诚、坦率、心理相容、彼此尊重。

（二）单纯性

大学生的交往动机比较单纯，大部分学生的交往功利色彩较少，感情色彩浓厚。他们之间的交往显得真诚、自然，那些造作、虚伪和世故的交往为大学生所不齿。正是这种单纯性，使得大学生的交往带有极大的理想性，也因此常常遭遇挫折。

（三）高期待感与高挫折感

大学生的人际交往具有浓厚的理想色彩，比较重思想，纯洁真诚。无论是对朋友，还是对师长，都希望不掺任何杂质，以理想标准要求对方，期待值很高，一旦发现对方有某些不好的品质，就深感失望。与其他人群相比，大学生人际交往的挫折感较强，致使一些大学生出现渴求交往和自我封闭的双重性。

三、人际交往的产生与发展

人际交往的过程实质上是人与人之间的情感、信息和物资交换的过程，在这一过程中，人际吸引是人与人之间建立交往关系的基础。

（一）人际吸引的条件

人际吸引是人与人之间相互接纳和喜欢。人为什么喜欢别人或为别人所喜欢呢？心理学家阿伦森通过调查得出如下几点结论：一是信仰和利益与自己相同；二是有技术、有能力、有成就；三是具有令人愉快或崇敬的品质；四是自我悦纳。心理学家通过广泛研究后认为，人际吸引的条件主要是熟悉、吸引人的个人特征、相似与互补、喜欢与爱情等。

1. 熟悉

在日常生活中，人们更多地将喜欢的情感投向周围与自己有直接交往的对象，并在其中选择交往或合作的伙伴，自然而然地能够相互接触，彼此间存在交往的可能性，这就成了人际吸引的前提条件。人际关系的由浅入深，也正是由相互接触与初步交往形成的。心理学研究结果表明，熟悉引起喜欢。熟悉本身就可以增加一个人对某个对象的喜欢。

大学生进入大学后，最初的人际关系都是从宿舍同学与老乡等的交往开始的。相比之下，同宿舍的人由于居住在一个屋檐下，彼此的熟悉程度显然高于非本宿舍成员，大学生最好的朋友往往都在同一宿舍；而对于老乡，由于地缘的关系，在陌生的环境中，老乡间会产生心理上的亲近感。

另外一点是熟悉与喜欢对象的性质。熟悉不是引起喜欢的唯一变量，但熟悉可以增加人们对交往对象的喜欢程度。熟悉使人们更容易辨认事物，学习过程本身改变了人们辨认事物和对其进行分类的能力，这种改变使人变得更为积极。

2. 个人特征

其一，才能。人们对有能力的人的态度往往出人意料，表面上似乎在其他条件相等的情况下，一个人能力越高、越完善，就越能受到欢迎。研究结果表明，实际上在一个群体中，最有能力、最能出好主意的人往往不是最受喜爱的人。在教学实践中，教师常常遇到这样的学生，即由于他的出类拔萃反而失去了同学的喜欢与信任。这是因为每人都希望自己周围的人有才能，有一个令人愉快的人际关系圈，但如果别人的才能使自己可望而不可即，则会产生心理压力。显然，才能与被人喜欢的程度在一定范围内成正比，超出这个范围则可能会产生逃避或拒绝，任何一个人都不愿意选择一个总是贬显自己无能和低劣的对象去喜欢。

因此，一个才能出众但偶尔有点小错误的人，在一定程度上比没有错误的人更受欢迎。

其二，外貌。大量的研究表明，外貌具有辐射作用，外貌魅力会引发明显的"辐射效应"，使人们对高魅力者的判断具有明显的倾向性。在大学生组织的集体活动中，那些最先受到关注的学生总是在同等条件下具有外貌吸引力的人。值得重视的是，人们对美貌的人的其他方面会给予积极评价，但如果人们感到有魅力的人在滥用自己的美貌时，反过来更倾向于对其实施严厉的制裁。

对于外貌美的标准，人们通常有大体一致的看法，但也存在文化差异、时代差异、个体差异与关系差异。研究表明，外貌美的人有很强的刻板印象，即"美就是好"。戴恩及其同事在实验室中向大学生出示 3 张外表吸引力不同的照片，并请他们对照片上的 3 个人在 27 项特质上进行评分，并预测未来的幸福程度。结果表明，大多数学生对外貌好的人给予了较高的评价与预测，人们一般觉得外貌好的人聪明、有趣、独立、会交际、能干等。

其三，个性品质。1968 年，美国心理学家安德森做的一项调查显示，在排在序列最前面、受喜爱程度最高的 6 个个性品质，即真诚、诚实、理解、忠诚、真实、可信中，都或多或少、间接或直接地与真诚有关；而排在序列最后的受喜欢程度低的几个品质，如说谎、装假、不诚实、不真实等，也都与真诚有关。一个人要想赢得别人的喜欢、与别人保持良好的交往关系，真诚是必须具备的品质。因此，大学生间建立良好的人际关系，真诚是必不可少的。

3. 相似与互补

相似有着重要的意义，在日常生活中，共同的态度、信仰、价值观与兴趣，共同的语言、种族、国籍、出生地，共同的文化背景，共同的教育水平、年龄、职业、社会阶层，乃至共同的遭遇、共同的疾病等，都能在一定条件下不同程度地增加人们的相互吸引。与相似相联系的是互补。当交往双方的需要和满足途径正好构成互补关系时，双方间的喜欢程度也会增加。在大学生中，外向型性格的人喜欢与内向型性格的人友好相处、相互欣赏，家庭经济条件优越的学生会欣赏那些克服困难求学的学生，依赖性强的人更愿意与独立性强的人交朋友等。还有一种情况是补偿作用，例如一个看重成绩而自己成绩又不很理想的学生，更看重成绩优秀的学生。从表面上看，相似与互补是矛盾的，但实际上，二者是协同的。建立在态度与价值观上一致性的相似与互补有着重要的意义。在互补涉及人际吸引中关键因素和社会角色相互对应时，互补比相似更重要。

为什么相似会导致人们间的吸引呢？至少有三方面的原因。

第一，人们愿意与自己相似的人交往，即物以类聚、人以群分。相似使人们更加相互理解，有共同的语言，例如，大学新生老乡间的亲近感、相同家庭背景学生间存在的共同语言。第二，相似的人可以为我们的信仰和态度提供支持，使自己感到自己不是孤立的，而是有社会支持的。在大学里，共同的兴趣爱好往往成为学生们交往的重要因素，而志同道合的人更容易成为知己；相反，对于那些在重要问题上与学生自己意见不合的人，该学生可能会对其人格作出负面的推断。第三，人们以为与自己相似的人会喜欢自己，是因为人们倾向于喜欢与自己相似的人，因此想当然地认为人同此心、心同此理，觉得他们也会喜欢自己，这样就形成了良性的循环。

（二）人际交往的发展

有学者认为，关系的发展有三个阶段。第一阶段是单向注意阶段，对方没有互动。第二阶段是表面接触阶段，双方有初步的、浅层的互动，但还没有相互卷入，也就是说没有走进彼此的私有领域。第三阶段是相互卷入阶段，双方都向对方开放自我，分享信息和感情，这是友谊发展的阶段。

美国社会心理学家阿特曼等人提出了社会渗透理论，来解释关系发展的过程。他们认为人际交往主要有两个维度：第一，交往的广度，即交往或交换的范围。第二，交往的深度，即交往的亲密水平。关系发展的过程，是由较窄范围内的表层交往向较广范围的密切交往发展。人们根据对交换成本和回报的计算，来决定是否增加对关系的投入。阿特曼等人认为，良好的人际关系的发展一般经过四个阶段，即定向阶段、情感探索阶段、情感交流阶段和稳定交往阶段。

1. 定向阶段

在人际交往中，人们对交往的对象具有很高的选择性。当进入一个交往场合时，人们往往会选择性地注意某些人，而对另外一些人视而不见，或者只是礼貌性地打个招呼。对于注意到的对象，人们会进行初步的沟通，谈谈无关紧要的话题，这些活动就是定向阶段的任务。在这个阶段，人们只有很表层的自我表露，例如谈谈自己的职业和工作、对最近发生的新闻事件的看法等。

2. 情感探索阶段

如果在定向阶段双方有好感，产生了继续交往的兴趣，那么就可能有进一步的自我表露，例如谈一谈工作中的体验和感受等，并开始探索在哪些方面双方可以进行更深的交往。这时，双方有一定程度的情感卷入，但还不会涉及私密性的领域。双方的交往还会受到角色规范、社会礼仪等方面的制约，比较正式。

3. 情感交流阶段

如果在情感探索阶段双方能够谈得来，建立了基本的信任感，就可能发展到情感交流的阶段，彼此有比较深的情感卷入，谈论一些相对私人的话题，例如相互诉说工作、生活中的烦恼，讨论家庭中的情况等。这时，双方的关系已经超越了正式规范的限制，比较放松、自由自在，如果有不同意见也能够坦率相告，没有多少拘束。

4. 稳定交往阶段

情感交流如果能够在一段时间内顺利进行，人们就有可能进入更加密切的阶段，双方成为亲密的朋友，可以分享各自的生活空间、情感和财物等，自我表露更深、更广，相互关心也更多。一般来说，能够达到这种境界的关系相当少，这也就是人们常说的"人生难得一知己，千古知音最难觅"。

还有一些研究讨论了关系退化的原因，综合起来，导致关系的亲密程度减弱的原因主要有十个方面：

（1）空间上的分离，交往的一方迁徙到别的地方，虽然分离的双方可以通过书信、电话、电子邮件等保持联系，但是再先进的通信工具也取代不了面对面的交往；

（2）新朋友代替了老朋友；

（3）逐渐不喜欢对方行为上或人格上的某些特点。一方面，个人的喜好标准可能发生变化。另一方面，交往中可能发现对方的一些新的特点，而这些特点恰恰是另一方不喜欢的；

（4）交换回报水平的变化，即一方没有按照另一方所期望的水平给予回报；

（5）妒忌或批评；

（6）对与第三方的关系不能容忍，在亲密关系中，这一点比较突出，因为亲密关系，尤其是异性之间的亲密关系，往往有一定程度的排他性；

（7）泄密，即将朋友之间的秘密透露给其他人；

（8）对方需要时不时地主动帮忙；

（9）没表现出信任、积极肯定、情感支持等行为；

（10）一方的"喜好标准"发生了改变。

第二节 大学生人际交往不良与障碍

一、大学生人际交往不良的表现

同学是大学生人际交往的主要对象，在大学生的人际关系中最基本、最常见的就是同学关系。大学校园里的同学关系总的来说是和谐的、友好的，但我们也应看到，在大学生的人际交往中出现了一些不和谐的现象。

（一）宿舍关系变奏曲

大学生人际关系的密切及融洽程度是以时空的接近为主要参照系的。一方面，时空接近为人际交往提供了便利，是人际关系形成和发展的必要条件，也是产生亲密人际关系的必要条件。另一方面，时空接近难免产生利益冲突，形成人际关系中的心理紧张状态，从而造成疏离的人际关系，乃至人际相处障碍。大学生的同宿舍关系是时空充分接近的人际关系，也是纠纷、矛盾相对集中的人际关系。个体的行为习惯、人格特征在同宿舍关系中彻底呈现出来，在这些方面存在较大差异的大学生间就不可避免地产生矛盾和紧张。例如，迟睡、早起的同学与入睡困难的同学之间，乱放杂物的同学与很爱整洁的同学之间，要午休与不午休的同学之间，喜欢热闹气氛的同学与喜欢安静环境的同学之间，说话嬉戏的同学与说话严肃的学生之间，均可能相互误解、讨厌、反感和敌视。住在上下铺的同学间更容易出现矛盾，有的同学不喜欢别人坐自己的床铺，有的同学不喜欢别人用自己的东西，如果某些同学不够注意，就容易引起同学间的不愉快。另外，与非本班、非本系同学合住的同学，也常常抱怨处理同宿舍同学间的关系比较麻烦。

（二）人际圈外的孤雁

在今天的大学校园里，大学生根据各自的兴趣、爱好、性格不同，结成一个个或松散、或紧密、或明、或暗的人际圈。同学之间有亲疏之分，有好朋友和一般朋友之分。

总体来讲，这些交际圈可分为学习型、娱乐型、生活型、社团型、老乡型等。圈子内的同学，一般为了共同的目标和方向，通过交往拉近感情距离，形成的关系都较为密切。但也有一些大学生，他们既不能和同宿舍的同学和谐相处，又徘徊于社交圈子之外，用他们自己的话说，就是在学校里没有知心朋友，没有可倾诉心里话的同学，他们感到孤独、寂寞、抑郁，又不知如何排遣。

（三）令人尴尬的交往场面

大学生在交往的过程中，一些人常常会感到很尴尬，最常见的有如下两种情况：一种是在与和陌生人相处时，由于彼此缺乏了解，不知道应该说些什么，或者说了没有两句就没话可说了，相处的状态非常尴尬。另一种情况就是与异性交往的尴尬。当然，这种状况只是在一部分同学中存在。可以说，大学生都有与异性交往的强烈需要和真实愿望，能够轻松、自然地同异性交往是一个大学生人际交往能力的重要体现，也是个体心理健康的重要方面。在大学生经常出现的交往问题中就有与异性之间的交往障碍。在人际交往中存在性别效应，尤其突出的是个体格外看重自己在异性心目中的形象，所以自己的缺点或弱项可以在同性面前暴露，却不能在异性面前暴露，甚至不惜为保全面子而避免或减少与异性的接触和交流。另外，在与异性交往时，还会使人有意或无意地联想到彼此间可否发展成为恋人关系，从而增添一些心理负担，使正常的异性交往变得各怀心事、别别扭扭。

（四）形形色色的交往问题

大学生人际关系包括人际相处和人际交往两个方面，对应地，大学生人际关系障碍也涉及两种类型，即人际相处问题和人际交往问题。

1. 大学生的人际相处问题

大学生的人际相处问题是指大学生在日常生活中难以与周围的人和谐共处，较多体验到负面情绪，明显地影响人际正常交往的一种现象。这种问题的心理危害性很大，能够顽固地折磨个体，带来多种身心疾病。按照相处问题的严重程度由轻而重，可将相处问题分为人际失谐（人际紧张）、人际敌视（人际僵局）和人际冲突（或称人际争斗）。

人际失谐（人际紧张）是指由于言谈举止、行为习惯等方面的差异，而使大学生在相处时不能彼此接受、悦纳对方的情形。个体能够感到自己的人际关系有点不正常，人际张力增大。处于失谐状态的人际关系，只要双方适当改变自己的某些方面，就可能缓解紧张，恢复和谐的人际关系。不过，人际失谐的原因有时是比较隐含的，人际双方都不清楚如何调整自己，从而使紧张持久地存在。人际失谐的个体间仍然可以有人际交往，但交往频率降低。

人际敌视（人际僵局）是指处于人际失谐的个体，由于没有及时解决相应的问题，使人际紧张进一步发展，当人际张力增大到某一程度时，就形成了人际敌视。如果说人际紧张还好调整的话，那么人际僵局就是较难改善的了。这种敌视成了人际双方顽固的情感与态度定势，一方弥散性地敌对、仇视另一方，处于人际僵局的个体间几乎不再有人际交往。在大学中，出现人际敌视的情况虽然相当少见，但其危害性较大，甚至使整个集体的人际关系变得不和谐。

人际冲突（人际争斗）是人际相处障碍的最高表现形式，即双方在言语、行动上直接而强烈地对立，乃至发生殴斗。虽然人际冲突具有突发性，出现的频率也不高，但人际冲突往往是在人际失谐或人际敌视的基础上，由于某种因素引发的。当冲突发生时，个体的理智感受下降，非常容易做出极具伤害性的事情，从而长久地留下心理创伤或生理损害。

2. 大学生的人际交往问题

人际交往问题是指大学生在现实生活中无法按照自己的意愿与别人进行必要的交流与沟通，个体为此感到苦恼，明显地影响个体正常生活的一类现象。这种问题不但影响个体的人际状况，而且使个体的整个精神方面都受到消极影响，产生自卑、孤独、自负等情感。交往障碍也不同程度地存在，按照从轻到重，可分为人际羞怯、人际恐怖和人际逃避。

人际羞怯是指个体在许多活动中习惯性地出现紧张反应，如脸红、结巴、口干、心慌，特别是面对一些特殊人物时更是如此，从而造成个体不愿意积极交往的现象。这是大学生交往障碍中最轻微的一种。人际羞怯使个体在某些人际交往中失去主动性，也不能充分利用交往机会发展自己、满足自己的需要。人际羞怯具有情境性，脱离了交往情境，羞怯反应就自行消失。这种障碍虽然阻抑了个体的交往，或者说使个体在交往中不自在，但个体仍然可以应对人际交往。

人际恐怖是指个体在交往活动中经常性的惊慌失措、局促不安、无所适从、自我迷失的现象。这是比人际羞怯更严重的一种交往障碍，个体几乎无法进行交往活动。人际恐怖使个体极其敏感于交往，并且产生泛化，进一步加重人际交往障碍。

人际逃避有两种情形，其一是人际恐怖的直接结果，即个体不敢面对人际交往的情境，也称社交恐惧症；其二是个体敏感，厌恶某些人际情境而不愿介入。就后一种来说，个体阻断了信息交流与情感沟通，限定了自己的人际范围，容易造成人际匮乏，产生孤独或自负情感，不愿面对现实，是一种非常消极的表现。

二、大学生人际交往心理障碍及其影响因素

大学生交往心理障碍是指影响大学生人际交往正常进行的不良心理因素。有些大学生在人际交往中并不是没有遵守交往规范，也不是不懂人际交往技巧，而是不敢交往、不愿交往、不能交往，这就属于交往心理障碍。目前，在大学生中存在不同程度交往心理障碍的人数所占比例较大，严重影响了大学生正常的人际交往，影响了大学生的学习和生活。

（一）引起交往障碍的社会知觉因素

大学生的自我意识迅速增强，但其社会经历的有限性、心理上的不成熟使其不能全面了解一个人的整体面貌，对人的认知往往带有理想化色彩，这主要表现在以下五个方面：

1. 首因效应

首因效应，也称第一印象效应，是指在特定条件下最先反映人在认知者视野中的信息在形成印象时占优势。在初次交往中，彼此的第一印象都很重要，双方会根据彼此的外貌、表情、谈吐等进行判断，形成印象，因而容易以貌取人，使认知具有表面性和片面性。在以后的交往中，第一印象会先入为主，忽视、否定出现的新信息，影响交往的正常进行。

2. 晕轮效应

晕轮效应是指仅仅依据某人身上一种或几种特征来概括其他一些未曾了解的人格特征的心理倾向。通俗地说，就是对某人的某一点印象不好时，就会觉得此人一无是处；对某人的某一点印象很好时，就会觉得一好百好，就是所谓的"爱屋及乌"。晕轮效应是一种明显的从已知推未知、由片面看全面的认知现象，往往会歪曲一个人的形象，造成交往的异常，导致交往障碍。

3. 刻板印象

刻板印象表现为把交往对象机械地归入某一类群体，并把自己对该类群体的习惯化认知推到交往对象身上。刻板印象使我们对每一类人都有一套固定的看法，而这些看法具体到某人时未必正确。刻板印象虽有积极的认知作用，但会造成对交往对象存有偏见，影响人际交往。

4. 投射效应

投射效应，就是把自己所具有的某些特质强加到他人身上的心理倾向，就是指内在心理的外在化，即以己度人，把自己的情感、意志、特征投射到他人身上、强加于人，认为他人也如此，结果往往对他人的情感、意向作出错误的评价，歪曲了他人，造成交往障碍。

5. 自我评价不当

自我评价不当在大一新生中表现得比较突出。每个人到了一个新的环境，都面临着重新认识自己、重新为自己定位的课题，但往往由于信息和客观环境的限制，易使自我评价失之偏颇，或把自己看得高人一等，或把自己看得过低。前者对他人的肯定性评价较低，从而轻视、看不起他人；后者则易导致自卑，从而轻视、看不起自己。这些不当的自我评价，会使人际交往不能顺利进行。

（二）影响人际交往的情感因素

人际交往是一种人与人之间的心理沟通和情感行为上的影响，突出的是人与人之间彼此情感关系及心理距离的远近。情感成分是人际交往的主要特征，对人的情感好恶决定着交往者今后彼此间的行为。因此，影响人际交往的情感因素也很常见，主要表现在以下四个方面：

1. 嫉妒

嫉妒是指在意识到自己对某人、某物品的占有或占有意识受到现实的或潜在的威胁时产生的一种心理体验。嫉妒可使人产生痛苦、忧伤，甚至产生攻击性言论和行为，从而导致人际冲突和交往障碍。

2. 恐惧

在心理学上，恐惧是指对常人不怕的事物感到恐惧，或者恐惧体验的强度和持续时间远远超出常人的反应范围。大学生的恐惧范围是多方面的，包括身体和社会心理方面，例如害怕考试不及格、担心学业不佳、害怕寂寞孤独等。恐惧使一个人的生活暗淡失色，会带来一系列不良的心理反应，容易拉大自己与周围人的心理距离。

3. 异性交往困难

异性交往是很正常的社交活动。有一些学生在不良心理因素的作用下，与异性交往时总感到要比与同性交往困难得多，以至于不敢、不愿，甚至不能与异性交往。还有一些大学生主要因为不能正确区别、处理友谊与爱情的关系，划不清友情与爱情的界限，从而把友情幻想成爱情。大学生本就处在情愫迸发的年龄，对异性的渴望本是正常的事，如果处理不当，就会直接影响其正常的学习和生活。

4. 愤怒

愤怒是指以一种强烈的冲动来表达情绪的心理倾向。例如，一位男同学刚和女朋友分手，恰好有一位不知底细的同学拿他和他的女朋友开玩笑，导致这位刚分手的男同学大发雷霆，最终不欢而散。有人比喻这种发泄愤怒的方式就像是拿着仙人掌来碰别人，在刺伤别人的同时，也伤及自己，所以这种方式对人际交往具有极大的破坏性。

（三）影响人际交往的人格因素

由人格方面导致的交往障碍，是常见的交往障碍。所谓人格主要指人在各种心理过程中经常地、稳定地表现出来的心理特点，包括气质和性格等。人格的差异可能造成交往中的误解、矛盾与冲突，人格不健全则可直接造成人际冲突。

1. 自卑

自卑是指自我评价低。在交往中，自卑表现为缺乏自信，因惧怕出丑、受挫或遭他人耻笑，难于主动与人交往，因而常将交往的圈子限制在狭小的范围内。

2. 害羞与孤僻

过分害羞使大学生在交往中大大约束自己的言行，不能有效地表达自己的情感和意愿，无法与人沟通，妨碍人际交往。害羞的主要类型有气质性害羞（生来内向）、认知性害羞（过分关注自我，患得患失）和创伤性害羞（经历挫折，变得小心）。孤僻也会导致与人交往无法进行，具体表现为如下方面：自命清高，与人不合群，孤傲立世；由于某种怪异的行为习惯上让人难以接受，在心理与行为上与他人有着屏障，自己将自己封闭起来。

3. 鲁莽

鲁莽是言行举止具有冲动性，不是理智上深思熟虑的结果，因此往往在恰当性和分寸感上把握得不好，容易伤及别人而招致不满，有时还可能造成严重后果。

4. 人格偏执

人格偏执常常表现为如下方面：极度敏感，对侮辱和伤害耿耿于怀；思想行为固执死板，敏感多疑，心胸狭隘；爱嫉妒，对别人获得成就或荣誉感到紧张不安，妒火中烧，不是寻衅争吵，就是在背后说风凉话，或公开抱怨和指责别人；自以为是，自命不凡，对自己的能力估计过高，惯于把失败和责任归咎于他人，在工作和学习上往往言过其实；又很自卑，总是过多、过高地要求别人，但从来不信任别人的动机和愿望，认为别人心存不良；不能正确、客观地分析形势，发生问题时易从个人感情出发，主观片面性大；如果建立家庭，常怀疑自己的配偶不忠等。持这种人格的人在家不能和睦，在外不能与朋友、同事相处融洽，别人只好对他敬而远之。

（四）影响人际交往的心理因素

1. 认识上的误区

大学生的人际交往不能顺利地展开，与缺乏主动性有关，而主动性缺乏，又与认识上的误区有直接的关系，有的人想去与别人交往，但心存顾虑。正是在这种认识下，一些人只是被动地等待别人来与自己交往，或者失去了许多宝贵的交往机会，而不能打开人际交往的局面，也就不能锻炼交往的能力了。因此，一些大学生虽然处在人来人往的世界，却仍然无法摆脱心灵的孤寂。这些认识与观念没有任何可靠的依据，更不是事实，但这些观念却真正发挥了作用，阻止了大学生在交往上去采取主动方式，更使他们失去了许多结识别人、发展友谊的机会。

2. 人格上的缺陷

在人际交往中，人格因素有至关重要的作用。人们一般都喜欢真诚、热情、友好的人，讨厌自私、奸诈、冷酷的人。不良的人格特征容易给人留下不良的印象，产生不愉快的体验，甚至产生一种不安全感。影响交往的一些常见的不良人格因素有虚伪、自私自利、不尊重他人、苛求于人、自卑、嫉妒、猜疑、傲慢、孤僻和固执等。

3. 失败的体验

有的大学生不能正常地与人交往，是由于曾经在交往过程中遭受过某种挫折，或有过交往的伤害性体验。这种体验深深地印在他的脑海里，并产生条件反射的泛化，形成不敢面对交往情境、害怕受到伤害等心理，在交往中表现出退缩、胆怯、消极、被动等特点。

三、大学生人际交往心理障碍的克服

（一）人际交往中社会知觉障碍的克服

1. 对于晕轮效应的克服

（1）增强独立性、灵活性，培养良好情感。研究表明，晕轮效应对不同的人的影响程度不一样。独立性强、灵活性高的人受其影响很小，情绪不稳定、适应性差的人则受其影响较大。

（2）有意识地训练自己从不同角度、不同方面去观察、评价他人，在评价时应去掉主观性和片面性。

（3）优化自己的谈吐和举止，塑造良好的外在形象，以使自己在交往中获得更大的成功。

2. 对于首因效应的克服

首因效应告诉我们，人们根据最初获得的信息所形成的印象不易改变，甚至会左右对后来获得的新信息的解释。实验证明，第一印象是难以改变的。第一印象主要是依靠性别、年龄、体态、姿势、谈吐、面部表情、衣着打扮等表面特征，它可以判断一个人的内在素养和个性特征，这样就难免会使人犯以貌取人的错误。因此，在日常交往过程中，尤其是在与别人初次交往时，一定要注意首因效应的作用，不能仅仅根据第一印象就给对方下定论，而是要听其言、察其色、观其行，然后才能知其人。此外，还可以利用首因效应的影响，注意在与别人交往时的外表、谈吐等最初相识时的表现，以利于给别人留下美好的印象。

（1）要注重仪表风度，在一般情况下，人们都愿意与衣着干净整齐、落落大方的人接触和交往。

（2）要注意言谈举止，应言辞幽默，侃侃而谈，不卑不亢，举止优雅，这样一定会给人留下难忘的印象。

（3）面带微笑，这样可给人留下热情、善良、友好和诚挚的印象。

3. 对于刻板印象的克服

（1）从思想认识上，人们对各类团体的一般特征概括的正确性常常是相对的，甚至是虚假的。

（2）个人虽有与其所属团体趋同的共同特征，更有自己独特的人格品质，时时提醒自己把交往对象看成是个独特的人。

（3）不要过于相信自己过去的经验，个人的经验往往是不完整的，完全根据有限的个人经验对事物作出判断和归纳很可能会出现偏差。

4. 对于投射效应的克服

（1）要客观地认识自己。既要接受自己，又要不断地完善自己。

（2）要承认和尊重差异。人心如面，各有不同，别人和你是不同的，不要总是以己之心，度人之腹。

（3）去掉防御心理。有时，投射效应是出于一个人的自我防御心理需要，例如，自己有缺点或不良品质，于是会不自觉地怀着一颗敏感的心，在别人身上搜寻蛛丝马迹，在别人身上"发现"同样的毛病，进而使自己的缺点或不良品质变得心安理得。

（二）人际交往中情感障碍的克服

1. 对于嫉妒的克服

（1）增强自信，相信自己有能力赶上别人。

（2）调整自我价值的确认方式，主要以内在标准为主，自我定向。同时，以多种标准来判断自己的价值，防止单一化。

（3）真诚待人，不要过分夸耀自己的成就，减少、消解别人的嫉妒心。

2. 对于恐惧的克服

（1）强化自信心。不要患得患失，人生的机遇有很多，眼前的丧失了，还会有后来的，只要充满自信心，努力追求和奋斗，一定会有收获的一天。

（2）不要勉强。人生有许多事情是可遇不可求的，人心更是如此。珍惜人间的宝贵东西，丧失也是必要的。有得就有失，没必要因为不可能发生的事情或者还未发生的事情而产生恐惧。

（3）扩大交际面。广泛的交往会使人发现，生活中能得到的东西很多，为将要失去的或不可能得到的而产生的恐惧自然会淡化或消失。

3. 对于异性交往困惑的克服

（1）正确对待异性交往，异性交往动机要纯洁。人的精神生活越丰富，异性交往就越广泛，封闭的异性交往最易成为邪恶滋生的土壤。因此，符合人性的异性交往要求大学生打破"男女授受不亲"的封建旧观念，建立正常、纯洁的男女友谊。然而，毕竟男女有别，异性交往必须摒弃杂念，否则可能会使异性交往变质。由于男女之间在性格、气质、爱好等方面有很大差异，在社会道德风尚、习惯方面也有一定的界限，所以异性在交往时应遵循一定的原则。异性交往的原则包括：①尊重男女有别的客观事实，以保持男女交往的人际距离；②注意异性交往的环境与场所尽量公开、透明，不要过多地单独活动；③建立广泛的异性友谊，多参加男女同学共同参加的活动；④了解异性的忌讳，交往举止要端庄、不轻浮；⑤分清友谊与爱情的界限，将异性交往保持在友谊许可的范围等。

（2）摆正爱情的位置。异性交往不同于恋爱交往，但包括恋爱交往。因此，在异性交往中摆正爱情的位置，正确处理友谊与爱情的关系十分重要。爱情与异性友谊在性质、感情强烈程度、交往范围、承担任务等方面都不相同。爱情讲究专一、稳定和痴情，异性友谊则讲究广泛、平和、发展和变化。当然，异性友谊也可能会发展成为爱情，但两者从本质上是不同的。因此，大学生既不要因不谈恋爱而回避异性交往，又不应仅仅为性爱而去接触异性。爱情不仅是男女双方情感的交流，而且是与自愿承担相应的义务紧密相连的。大学生对待爱情必须严肃认真，要做到爱情与义务、爱情与责任的统一。

（3）正确处理各种关系。爱情是发自内心的一种渴求，它的本质是催发人性向善的。大学生恋爱不应成为影响自己学习和成长、与同学正常交往的障碍。首先，要正确处理恋爱与学习的关系，让爱情服从于学习，把主要精力放在学业上。其次，要正确处理恋爱与同学交往的关系，不要牺牲与同学的正常交往，影响自己社会化过程的完整。最后，要正确处理恋爱与个人发展的关系，尽可能压缩恋爱时间，以确保能抓住各种机会锻炼、发展自己。

4. 对于愤怒的克服

（1）化解。化解是东方人的人生观的精华之一，这种方法是通过对人生和自我的反省与感悟，使愤怒自行消失，并逐渐变得很少对那些常引起一般人愤怒的事情生气。化解不是一种消极的处世态度，而是把挫折、失败、不如意看作生活的重要组成部分，是一个人要无数次经历和体验的，因此不必大惊小怪，要坦然面对，平静地接受现实。人生不如意事十之八九，当我们认识到这是对我们人生的历练和考验时，就不会把人生宝贵的时间和精力浪费在这类事情上，对许多事就不会像过去那样容易愤怒了。

（2）自我修养法。"理智先行"是解决愤怒的良方，这需要加强自我修养。对付这种消极情绪，常用的一种方法是及时给予自己暗示和警告，例如，当自己感到怒气正在上升时，在心里对自己说"冷静，冷静，再冷静"，或者默默地从一数到十，往往只需几秒、几十秒钟，你的心绪就能够平静下来。此外，还要培养自己的幽默感。幽默常常是一种宽容精神的体现，是暴躁情绪的抵抗剂。幽默能缓解矛盾，使人际关系融洽、和谐，淡化甚至驱除不利情绪，化消极情绪为积极情绪。

（3）合理宣泄法。所谓"合理宣泄"就是以不伤害他人和自己、不违反社会行为准则的方式，把心理上郁积的消极情绪打发掉，例如，参加文体活动、散步和听音乐、找朋友倾诉等，都可以使愤怒的情绪得到缓解。

（4）延迟评价法。遇到让人生气的事情时，可以做缓慢的呼气和吸气练习，并告诫自己不要马上作出反应，并可采取一走了之的方式，暂时避开令人不愉快的人和事，冷静下来后再做处理。

（5）有分寸地表达。这是一种在理智控制之下能取得有益效果的愤怒表达方式。有分寸地表达愤怒，能使人了解当事人对事情或他人言行的反应和感受，从而引导别人改变其不恰当的行为，从长远看，这种方式比压抑不满更有利于人际关系的正常发展。但应注意，发表言论要对事不对人，不要涉及他人隐私，不要限制别人发火等。

（三）人际交往中人格障碍的克服

1. 对于自卑的克服

（1）从思想上树立"天生我材必有用"的信念。我是一个独特的人，虽然有缺点，但我有很多优点，靠这种信念战胜自我，抵御外来的侵犯。

（2）学会进行积极的自我暗示。"我能成功""我对未来充满自信"，想象自己拥有完美的形象，例如讲话风趣、幽默、极富感染力。

（3）用实际行动建立自信。要针对自己的弱点，制订一个逐步训练的计划，并坚持不懈地执行，例如，争取在集会上发言，主动接触陌生人等。行动是治愈一切恐惧的良方。

2. 对于害羞的克服

（1）接受自己害羞的现实，重塑自己。人的性格是在生活过程中逐渐形成的，如果你已经形成了害羞的性格，不要刻意追求奔放和外向；要认识到害羞的人身上有很多长处，勇敢地承认自己就是害羞，也承认他人的长处；相信自己在别人心目中的形象并不差，而别人也不是十全十美的；相信自己是一个有思想、有性格、有自尊的独立的、完整的人，甚至在某些方面还强于他人。

（2）多参加团体活动，增加与他人接触的机会。在团体活动中，可以学会同各种各样的人打交道。刚开始时，不要急于求成，可以先观察一下别人是如何展示自己的。觉得自己能行了以后，再发表一两句意见和建议。要鼓起勇气迈出第一步，当害羞者迈出可喜的第一步后，伴随着从未有过的成功体验和对自己的重新评价，便会开始相信自己的能力。研究表明，一个非常害羞的人，当他在陌生场合勇敢地讲出第一句话以后，随之而来的将不再是新的羞怯，而很可能会是滔滔不绝。如果有第二次、第三次的成功，害羞者就会对自己形成一个比较稳定的自我肯定模式，害羞心理就会悄无声息地消失。要有意识地训练自己与不同性格、不同气质、不同年龄的人打交道，自己的勇气、胆量与能力就会逐渐提高。当自己大胆尝试与人交往时，会感到现实要比想象简单、容易得多。

（3）做有心人，记下你感到不安的事情。当你记下你的害怕与担心时，你会觉得这些害怕与担心不可思议，而且完全没有必要。这是极有效的自我心理治疗方法，并且可以为此预先做好克服它的准备。例如，在演讲时，拿讲稿的手会颤抖，那么不妨把讲稿夹在写字板上，这样拿在手上就可能不会抖了。

3. 对于孤僻的克服

（1）有意识地挖掘生活中的美好事物，发现那些感人至深的人间真爱，与自己原有的观念抗衡，走出自己狭小的生活圈子。

（2）强迫自己以热情的方式待人，逐步开放自己的心灵，与他人增进相互了解、促进友爱，以美化自己的人生。

（3）多与大自然接触，多参与同学们的活动，发展自己的兴趣，增加对生活的热爱，优化自己的性格，从而改变对世界的消极看法，提高人际交往的质量。

4. 对于鲁莽的克服

（1）铭记"三思而后行"，做任何事情都要深思熟虑，切忌轻率。

（2）延迟法。给自己规定，每当要做事和说话时，先延迟10秒钟到1分钟再进行。

（3）冷处理。把要实施的激烈行动先压下，待心情平静下来后再作决定。

（4）最关键的是加强自我修养，优化性格，修身养性。

5. 对于人格偏执的克服

（1）认识自己的性格缺陷，不断完善自己。

（2）学会接纳、宽容异己。别人与自己是不一样的，不要把自己的想法强加给别人，学会理解别人，多看别人的优点。

（3）要主动与别人交流看法，可以争论，但不是以击败对方为目的。

（4）培养幽默感，学会轻松地看待人生，参与生活。

第三节 人际交往的心理调适

一、建立良好人际关系的途径

人人都希望自己能有一个美好的人际关系世界，都希望能多拥有一些朋友，并与他们保持真挚的友谊。大学是人际关系走向社会化的一个重要转折时期。从你踏入大学开始，就会遇到各方面的人际关系，如师生之间、同学之间、同乡之间，以及个人与班级、个人与学校的关系等。面对众多的人际关系，有的同学由于处理不当，而整日郁郁寡欢、心情沮丧；有的同学由于人际关系紧张，而精神压力很大，导致出现不同程度的心理病症；而更多的同学则由于不知如何处理复杂的人际关系，而经常被苦闷、烦恼的情绪所困扰。如何处理好人际关系，对于大学生活和未来事业的成功，是有着至关重要的意义的。

（一）建立良好人际关系的原则

1. 平等原则

在人际交往中，总会有一定的付出或投入。平等是建立人际关系的前提，人际交往作为人们间的心理沟通，是主动的、相互的、有来有往的。人人都有友爱和受人尊重的需要，都希望得到别人的平等对待，人的这种需要就是平等的需要。

平等就意味着在交往中互相尊重，一视同仁。在各种交往的场合，都要尊重别人的权利、尊重别人的感情。尽管受到主观和客观因素的影响，人与人在气质、性格、能力、家庭背景、经济状况等方面存在差异，但在人格上，大家都是平等的。因此，在交往中要对自己有信心，对别人有诚心，彼此尊重，平等交往，才可能持久。对大学生来讲，无论学习成绩是好还是坏、家庭背景如何、是否是班干部、长相如何等，相互间都应该平等相待，切不可以权压人、以势压人、自以为是。

2. 相容原则

相容是指人际交往中的心理相容，在人际交往中，如果交往双方在言行方面相互肯定多、对交往关系满意，那么就会产生以肯定为主的心理倾向，形成有形或无形的心理接近。心理相容所产生的效应在交往双方间表现为一种融洽、合作和愉快，从而使其关系向健康、纵深方向发展。而心理不相容则对交往产生否定倾向，相互抱怨，甚至反目，形成冲突。

要做到心理相容，应注意包涵、宽容及忍让。为人处世要心胸开阔，宽以待人，体谅他人，遇事多为别人着想，即使别人犯了错误或冒犯了自己，也不要斤斤计较，以免因小失大，伤害相互间的感情。每个人都有不同的个性，并且人无完人，因此在与人交往时，不能用一种标准去要求他人，更不能苛求别人，要学会求同存异。

相容原则非常重要，大学生交往中的许多问题都是由于缺乏宽容而造成的。要能宽容别人，首先得理解别人，学会设身处地地为别人着想。而要真正理解别人，为别人着想，就需要多沟通、多交流，深入了解各自的性情爱好和价值观念，这样才不至于在出现问题后无端猜疑，引发不必要的纠纷。

3. 互利互助原则

著名的社会心理学家霍曼斯提出，人际交往在本质上是一个社会交换的过程。现代的大学生更注重在交往中是不是给人带来他（她）所需要的东西，例如情感、信息和快乐等，尤其是快乐。大学生面对各种各样的压力和竞争，交往本身就起着调节紧张情绪的作用，能否使人快乐很关键。长期以来，人们最忌讳将人际交往与交换联系起来，认为一谈交换就很庸俗，或者亵渎了人与人之间真挚的感情。其实，这种想法大可不必有，我们在交往中总是在交换着某些东西，或者是物质，或者是情感，或者是其他，人们都希望交换对于自己来说是值得的，希望在交换过程中得大于失或至少等于失。不值得的交换是没有理由的，对于自己认为不值得或者失大于得的人际关系，人们就倾向于逃避、疏远或中止这种关系。交往的社会交换本质要求我们在人际交往中必须注意让别人觉得与我们的交往是值得的。

建立良好的人际关系，离不开互助互利。在交往中，人与人之间的关系是相互的，彼此都既有施，又有受。这种互利原则，即可表现为物质上的礼尚往来，如交换礼物等，也有精神上的，如心理沟通、感情安慰、同情等。这里的交换不同于商品交换中的等价交换或有偿交换，它主要表现为一种心理上的互补、精神上的交流和相互支持。人际关系以能否满足交往双方的需要为基础，如果交往双方的心理需要都能获得满足，其关系才会继续发展。因此，交往双方要本着互助互利的原则。

互助原则就是当一方需要帮助时，另一方要力所能及地给对方提供帮助。这种帮助可以是物质的，也可以是精神的，可以是脑力的，也可以是体力的。坚持互助原则就要破除极端个人主义，与人为善，乐于助人。同时，又要善于求助别人。别人帮助你克服了困难，他也会感到愉快，这也可以进一步促进双方的情感交流。

互利原则要求在别人遇到困难时伸出热情之手，像雪中送炭一样给别人以物质或精神上的慰藉。互利的关键是真诚，这是一种崇高的道德力量，是纯洁的友谊，不要将此曲解为斤斤计较的功利原则。互利要注重双向性，如果一方只索取不给予，或只给予不索取，那就容易使另一方认为自己被别人利用，或者使对方误解自己的诚意，从而中断交往。事实证明，交往中的互利性越高，双方的关系越稳定和密切，互利性越低，双方的关系越容易疏远。

4. 诚信原则

真诚是人际交往的最基本的要求，所有的人际交往手段和技巧都应该是建立在真诚交往的基础之上的，欺骗和敷衍都是对人际关系的亵渎。真诚不是写在脸上的，而是发自内心的，伪装出来的真诚比真正的欺骗更令人讨厌。对大学生来讲，就是把自己的真实情感和思想毫无保留地展示给对方，让对方去选择。以诚待人、讲求信义是人际交往得以延续和深化的保证。在交往中，只有彼此怀着心诚意善的动机和态度，才能相互理解、接纳和信任，在感情上引起共鸣，使交往关系得到巩固和发展。

信用即指一个人诚实、不欺骗、遵守诺言，从而取得他人信任。人离不开交往，交往离不开信用。要做到说话算数，不轻许诺言。与人交往时要热情友好，以诚相待，不卑不亢，端庄而不过于矜持，谦逊而不矫饰做作。朋友之交，言而有信，许诺别人的事就要履行，这是信用原则的重要表现。轻易许诺却失信于人，会给人一种极强的不信任感，这是人际交往的大忌，因此大学生要认识到许诺是非常郑重的行为，对不应办或办不到的事不要轻易许诺。守时，虽然从表面来看是交往中的一件小事，但却是交往双方衡量对方品质的重要途径，尤其是在与异性交往中，是否守时甚至是决定交往能否继续进行下去的关键因素。

总之，大学生要改善人际关系，就必须明确人际交往的原则。因此，在社会交往中，就更重视自己的自我表现。据研究表明，人际关系的基础是人与人之间的相互重视、相互支持。对于真心接纳我们、喜欢我们的人，我们也更愿意与他交往并建立和维持关系。

5. 同理共情原则

人际关系从本质上说是人与人在情感上的联系。这种情感联系越密切，双方所共有的心理世界范围就越宽，人际关系也就越亲密，而共情恰恰是沟通人们内心世界的情感纽带。所谓共情就是指站在别人的立场上，设身处地地为别人着想，用别人的眼睛来看这个世界，用别人的心来理解这个世界。积极地参与别人思想、情感的能力，是一种真正的交际本领，他会把自己与他人连接得很近，并能化解很多矛盾和冲突。而如果一个人不能很好地理解别人、体验别人内心的真实情感，他就不可能与别人发展深入的人际关系。

（二）建立良好人际关系的技巧

1. 建立良好的第一印象

第一印象在人际吸引中具有重要的作用。人们会在初次交往的短短几分钟内形成对交往对象的一个总体印象，如果这个第一印象是良好的，那么人际吸引的强度就大；如果第一印象不是很好，则人际吸引的强度就小。而在人际关系的建立与稳定的过程中，最初的印象同样会深刻地影响交往的深度。因此，在人际交往中成功地建立良好的第一印象是十分重要的。

心理学家提出很多能给人留下良好第一印象的技巧，其中，人们比较认同的是戴尔·卡内基在《怎样赢得朋友和影响他人》中提出六条途径，包括如下内容：（1）真诚地对别人感兴趣；（2）微笑；（3）多提别人的名字；（4）做一个耐心的听者，鼓励别人谈他自己；（5）谈符合别人兴趣的话题；（6）以真诚的方式让别人感到他很重要。卡内基将他的技巧传授给了无数人，帮助他们成功地建立和改善了人际关系，并使他们获得了事业上的成功。

2. 主动热情待人

有一个丰富多彩的人际关系世界，是每个正常人的需要。可是，很多人的这个需要都没有得到满足。他们总是慨叹世界上缺少真情、缺少帮助、缺少爱，那种强烈的孤独感困扰着他们、折磨着他们。其实，很多人之所以缺少朋友，是因为他们在人际交往中总是采取消极的、被动的退缩方式，总是期待友谊和爱情从天而降。这些人，只做交往的响应者，不做交往的始动者。

心理学家发现，热情是最能打动人、吸引人的特质之一，一个充满热情的人很容易把自己的良性情绪传染给别人，先要让自己变得愉快起来是必要的，一个面带微笑的人很容易被他人接纳。

要热情待人，还必须从心理上对他人感兴趣，真心地喜欢他人。正如卡内基所言："对别人不感兴趣的人，他的一生中困难最多，对别人的伤害也最大。所有人类的失败都出自这种人。"实践表明，人们更容易喜欢那些对自己感兴趣的人。心理学家研究发现，有两点原因影响人们不能主动交往，而采取被动退缩的交往方式。

一方面，缺乏自信。因为缺乏人际交往的自信心，所以生怕自己的主动交往不会引起别人的积极响应，从而使自己陷入窘迫、尴尬的境地，进而伤及自己脆弱的自尊心。而实际上，在现实生活中，每一个人都有交往的需要，因此我们主动而别人不采取响应的情况是极其少见的。

另一方面，人们对主动交往有很多误解。例如，有的人会认为"先同别人打招呼，显得自己低贱""我这样麻烦别人，人家肯定会烦的""他又不认识我，怎么会帮我的忙呢？"等。其实，这些都是害人不浅的误解，没有任何可靠的证据能证明其正确性。但是，这些观念却实实在在地阻碍了人们在交往中采取主动的方式，从而失去了很多结识别人、发展友谊的机会。

3. 关心帮助别人

当一个人遇到坎坷、碰到困难、遭到失败时，往往对人情世态最为敏感，是最需要关怀和帮助的时候，这时哪怕是一个笑脸、一个体贴的眼神、一句温暖的话语，都能让人感到安慰、感到振奋。因此，当别人遇到困难、陷入困境时，你能伸出援助之手，帮助困难者，安慰失意者，可以很快赢得别人，建立起良好的人际关系。如果对别人漠不关心、小心吝啬、怕招惹麻烦，那么交往很可能因此而中止。

4. 把每个人都看成重要人物

在人的需要中，自我尊严得到维护，自我价值得到承认，这是许多人最强烈的心理需求。的确，每个人都是重要的，当我们把自己看得非常重要时，也要把别人看成重要人物。因此，在交往中，我们应注意如下方面：（1）让他人保住面子；（2）不要试图通过争论，使他人发生改变；（3）发现和赞美别人的优点。

二、维持良好人际关系的心理条件

（一）提高交往艺术

1. 把握交往的度

把握交往的度，包括交往的广度、深度、频率的把握，以及语言行为的分寸讲究等。

（1）交往的广度要适当。交往的广度既不能过广，又不能太窄。过广则容易滥交，既影响交往质量，又会浪费太多的精力，影响学习；太窄又可能错过了许多可交的朋友，使自己眼界狭小、气量狭小，经常会陷于狭小的人际圈子，给自己的发展带来不利的影响。

（2）交往的深度要适当。交往的深度要适当，有的要深交，有的则只能浅交，甚至要拒交，不能一味地泛泛而交，也不可能跟任何人都成为知心朋友。决定交往深度的主要因素是志同道合，包括共同的理想、追求、志趣和共同的道德水准、人格修养等。相同的理想志趣，会使两个性格迥异的人成为莫逆之交。

（3）交往的频率要适度。沟通能够增进了解，加深理解，增进友谊。但是交往的频率要适度，即使是好朋友，也不能过往甚密，如果天天在一起，可能会使交往的一方或双方感到负担，既影响彼此的正常生活，又会减弱彼此的新鲜感，增加出现摩擦、发生矛盾的概率，从而妨碍友谊的进一步发展。当然，也不能长时间不沟通，再好的朋友，长期不沟通，关系也会疏远。

2. 同窗相处的注意事项

现实生活中的大学同窗学友朝夕相处，彼此可以成为心心相印的挚友，也可能成为互不服气、你猜我疑的"仇人"，尤其是同一宿舍的同学关系最难处理，矛盾也最多。怎样才能处理好同窗之间的关系，建立一个良好的生活环境呢？

首先，同窗相处诚为上。人与人心理上的相融，主要是建立在诚信的基础上的，因此在与同学交往中要以诚相待，对别人的优点要肯定，对别人的缺点不要夸大，对自己的好恶要有客观分析，同时要注意维护他人的自尊心，胸怀坦荡，诚实可信。当然，在现实生活当中，也可能会遇到你以诚相待却得不到真诚回报的现象，对此应以宽阔的胸怀来对待，应当相信大多数同学都希望同学之间真诚、友好地相处，要想得到真诚，自己要先做到诚实、诚信，你的真诚最终会赢得友谊、换来诚信的。

其次，同窗相处善为佳。人类生活在一个纷繁复杂的世界中，生活本身就是在矛盾的组合与分解中进行的。因此，有矛盾、有问题是难免的，特别是在大学生宿舍中，由于大家相处的环境较为封闭，心理也不那么成熟，同学间闹点别扭、产生分歧、有些矛盾都是很正常的现象。问题的关键是如何正确对待这些矛盾，如果每一个人都能与人为善，站在对方的角度看问题、理解他人，任何时候都能找到自己的位置，都能在宽松、民主的环境中发掘自己的善良，那么同窗之间就会减少矛盾与摩擦，就不会有克服不了的矛盾。

最后，同窗相处宜拘小节。在大学生人际交往不成功者中，有很多是由于不拘小节导致的。同一宿舍中的同学往往是由于一些鸡毛蒜皮的小事而伤了和气，例如，别人打的水，他全给用光了；别人刚把地打扫干净，他又把瓜子皮扔了一地；别人都休息了，他还放着歌曲等。这些人，自认为生活马虎、无伤大雅，但有些同学对于这种不拘小节的做法却心存不满，久而久之，或产生矛盾，或让人避而远之，长此以往，将破坏同学之间的正常交往，并造成同学之间的隔阂与矛盾。因此，同学在交往中要遵守必需的礼仪规范，都要学会拘小节。

3. 重视人际交往的语言艺术

语言艺术主要指要把握"说"和"听"的分寸。"说"，要注意尽量用简单、明白、清楚的语言表达思想，不要绕来绕去，以免引起不必要的误解；说话要注意语气，批评和赞扬别人要讲究方式和措辞，赞扬别人要恰如其分，批评别人也要尽量用婉转的语气，要学会赞美别人，认可、欣赏别人。从心理上讲，每个人都是天生的自我中心者，个人都希望别人能承认自己的价值、支持自己、接纳自己、喜欢自己。真诚地赞美别人，总会赢得别人的喜欢。

"听"，要学会倾听、尊重别人、理解别人，而不是夸夸其谈、自我陶醉；在与对方谈话时，要辅以点头、微笑等动作，态度和蔼，而不是冷若冰霜，注意不要随意打断对方的谈话或抢对方的话题。总之，听对方讲话时，要把握好自己的位置，处处表现出对对方的尊重和耐心。所以，如果你想保持良好的人际关系，就从倾听开始吧。倾听不是委曲求全，在倾听中，你可获得许多有益的经验；倾听不是被动接受，而是有反馈的引导和鼓励。通过言语和表情告诉对方你能理解对方的描述和感受，可以使对方受到鼓舞和感激，有意识地强化某一谈话主题，可以引导谈话方向，使之更符合你的需要。

4. 行为规范和体态语言的运用要恰当

在人际交往中，要站有站相、坐有坐相，站立时不要来回晃动身体，坐着时一般不跷二郎腿；礼节性的行为如点头、握手等要适当，不要过于献媚、讨好，也不要自以为是、居高临下；微笑和专注的神情在交往中很重要，要学会控制自己的情绪，而不是鲁莽、任性，让别人感到尴尬，眼光切记不可游移不定、左顾右盼或死盯住对方眼睛，而要与对方视线保持一种若即若离的自然状态。总之，行为和体态语言的运用，要给人一种自然得体、富有涵养的印象。

另外，在交往中还要注意一些细节。例如，不要认为朋友之间就什么秘密都不能有，总探听对方的隐私，而要为朋友保守隐私和苦衷。人际交往艺术的关键在于对人性的了解和掌握，对自身的了解和把握，了解他人需要什么，并满足这些需要。了解自己的优势和不足，并不断完善自己，就能更自信地与人交往。

（二）避免争论

青年人之间喜欢争论，这是很正常的事。我们会发现，这些争论往往都是以面红耳赤结束的。事实证明，无论谁输了都会很不舒服，更何况一些争论还会演化成直接的人身攻击，对人际关系的影响是非常不好的。因此，解决观点上不一致的最好途径是讨论和协商，而不是争论，应尽量避免争论的发生。

（三）勇于承认自己的错误

虽然承认自己的错误是一种自我否定，但承认错误会带给你巨大的轻松感。明知错了还不承认，会使你背上沉重的思想包袱，使自己在别人面前始终不能自如地昂起头。另外，承认自己的错误等于变相地承认别人，会使对方显示出超乎寻常的容忍性，从而维持人际关系的稳定。

（四）恰当运用批评的艺术

如果你不是出于贬低别人的目的，而又能运用恰当的方法，那么你的批评就会收到意想不到的效果。

1. 批评应注意场合

批评必须减少对方的防卫心理，在大庭广众之下批评别人，会使对方的自尊心受到伤害，马上以敌视的态度来反击你，你的批评只能增加对方的反感和抵触，不会有任何效果。因此，当别人做错事情你需要批评他时，应尽量在比较舒适的环境且只有你们两个人在场的情况下进行，减少对方的心理防卫，也能尽量保护对方的自尊心，会取得更好的效果。

2. 从赞美和诚心的感谢入手

赞美和诚心的感谢都是肯定对方的价值，会使对方降低心理防卫意识，这时再批评对方，对方也容易接受一些。

3. 批评对事不对人

如果你在肯定其能力、人品的前提下，指出其某一个具体言行的错误，他更容易接受，例如，"按你的能力，这件事本来可以做得更好些""依你的为人，不该说出这种伤人的话"等。

4. 批评应针对现在，而不纠缠老账

当批评别人时说"你怎么总……"等，会强化他人的不自信，很难改变别人，容易引起对方的反感。因此，批评别人不要针对其人品、贬低对方人格，而应该只针对当前一件事。

（五）学会拒绝

在人际交往中，尤其是同学之间，经常有需要拒绝的情况出现，但是每当说"不"时，总有一些同学犹豫不决、难以开口，或者说完之后心里不安，或者不甘心去满足对方的不合理要求。事实上，说"不"是每个人的权利，只要你说得具有艺术性，任何时候都可以说"不"，下面介绍几种说"不"的艺术性方法：

1. 说话留有余地

当你拒绝别人的建议时，可以说："这真是一个不错的建议，但现在不是采用它的

时候。""这是一个不错的方案，但现在条件还有些不充分，我们不得不暂时跳过它。"回绝时可重点强调时间上的不合适，而不把话说绝，给对方一个台阶下，这样既可以拒绝别人，又可以避免伤害感情。

2. 以赞扬的话语开始

对于别人的某些要求，你不能满足或不想满足时，可以用赞扬的话语开始你的拒绝："我很欣赏你们社团的活动，你邀请我去参加使我感到莫大的荣幸。遗憾的是，我的时间安排已经很满，不能接受你的好意了，非常抱歉。"

3. 自嘲是说"不"的好方法

在某些尴尬的场合，拿自己幽默一下，可以省去许多麻烦，你可以说："你认为我太平庸，是的，我从来都认为自己我是个无能之辈。"

4. 给自己一个缓冲的时间

有些事情，我们难以当面给予"不"的拒绝，这时你可以说："对此我考虑考虑，再给你答复。"等事情经过一段时间的冷却后你还未有答复，对方自然也就明白了你的用意，或者事后你再找一个理由来拒绝对方。

5. 只回答部分问题

对于有些请求我们不好拒绝时，不妨对请求给予部分回答。例如，同学说："如果我们是好朋友，你就应该和我们一起去。"你可以回答对方："你认为我们不是好朋友吗？"

6. 直截了当地拒绝

尽管我们提倡讲究说"不"的艺术，但对于某些自己认为不合理或者过分的要求，我们也不需要掩盖自己的真实想法，直截了当地说"不"就可以了，如果吞吞吐吐、遮遮掩掩，反而会损伤感情。在生活中，我们常常会被周围人的种种要求所缠绕，但如果你想说"不"时，一定要记住，要选择一种恰当的方式说出来，以便朋友能愉快地接受。

三、怎样与异性交往

（一）正确认识异性交往的特殊性

男女之间，不仅有生理、心理上的不同，而且在体态、衣着、神情上也有很大差异。在注意到男女有别后采用适当的方法，把握正确的原则，开展异性间的交往，才能为健康的异性交往打下良好的基础。

（二）提高自己的心理成熟程度

与异性交往，确立健康的性心理和高尚的道德情操，是很重要的一个因素。交往要在光明磊落的同时，不忽视异性差异，注意男女有别，注意友谊与爱情之别，也就是异性交往要注意"度"。所谓"度"，一是指时间上的度，二是指言谈举止上的度。不要过多地占用别人的时间，影响别人的正常工作、学习和生活，讲话要得体，不可说脏话、粗野，更不可开那些低级、庸俗的玩笑，搞恶作剧等。纯洁而高尚的异性交往是美好的，它存在于心地坦荡的朋友之间。

（三）与异性交往时应注意的问题

青年人由于性心理的成熟，喜欢与异性交往，结交异性朋友，这是非常正常的心理现象。这既是交往的需要，又是人全面成熟和发展的需要，但男女交往仍有一条敏感的线，有的同学常为如何与异性交往而苦恼。若处理不好，不仅会招来闲言碎语，而且会影响身心健康。那么，与异性交往，应注意哪些方面呢？

第一，热情而不失态。在人际交往中，热情是建立良好关系的重要条件，是拉近彼此距离的亲和剂，但热情不能失态，行为、语言都要有一定的约束，不能无所顾忌。人际交往忌失态，异性交往更是如此，若言行举止失态，就会削弱你的神秘感；若彼此失去应有的距离，使对方认为你低俗，造成缺少修养的印象，形成反感。

第二，自尊自主但不虚荣。与异性交往时，要做到自尊、自爱、自主、自强，正确认识自我，不以某些优势自傲，不为某些不足自卑，更不要以虚伪的东西掩饰真实的自我。

第三，宽容忍耐但不被动、迁就。人际交往忌一味地被动顺从和迁就，但现实生活中的一些年轻人，一旦与异性交往便不自觉地失去了主见，总爱迎合、听从或迁就异性，这是异性交往应注意的一个方面。一味地被动和迁就，就会失去自我，失去个性。其实，个性是交往中相互吸引、展示魅力的一个重要方面。

第四，交往但不频繁独处。与异性交往时要扩大友爱圈，以参加集体活动为主要交往方式，以便创设往来自如的环境，增加交往的开放性，交往中不要贪小便宜，不要轻易接受异性的单独邀请与馈赠。

第五，追求友谊但不含糊。在与异性交往时，如果对方表现出爱意或提出求爱信号时，要态度明了，不要朦朦胧胧、含糊不定。如果你只想建立一般友谊，就要适时、适度地表明自己的态度，否则，彼此不仅不能建立友谊，还会引起难堪和不快。

第五章 心理适应和情绪

第一节 大学新生的心理适应

人一生当中所处的自然环境和社会环境总是不断变化的，所以适应不仅是大学新生会遇到的问题，而且是每个人都要面临和需要解决的人生课题之一。现代社会关系的复杂化及生活节奏的加快，导致人对社会环境适应的问题越来越凸显，引起人们的高度重视。对于大学新生来说，适应是融入大学生活的重要一步，良好的适应能力能够增强大学生的自信心，强化大学生的自我肯定，而适应不良则会引发一系列的适应危机，如人际关系不良、自我认识不足和自信心降低等。心理适应主要指各种个性特征互相配合、适应周围环境的能力。一个人能否尽快地适应新环境，能否处理好复杂、重大或危急的情况，与他（她）的心理适应能力强弱有很直接的关系。因此，增强大学生的适应能力，有助于大学生形成良好的心理健康状态，对大学生更好地适应大学生活具有重要的意义。

一、环境的适应

进入大学以后，大学生所处的是陌生的环境，即学校是陌生的，周围的同学是陌生的，学习的内容也是陌生的，这在一定程度上削弱了大学生的心理防御能力，很容易让大学生缺乏安全感，也容易产生孤独感。大学新生的环境适应包括生活环境适应和人际环境适应。在生活环境适应方面，大部分同学是第一次离开父母来到陌生的环境生活，远离家乡、异地求学，衣食住行等方面都需要自己独立安排，再加上地理环境的改变，语言文化和饮食上的差异，这对于从前一直依赖父母，在父母的庇护下长大的新生来说确实是个不小的挑战。而在人际环境适应上，进入大学后，学生是以相对独立的个体进入了准社会群体的交际圈，由中学时的单一学习型人际关系转向大学时的多元人际关系、同学关系、师生关系，以及与其他社会人员直接接触关系接踵而至，这种复杂的、多维的人际关系会给没有太多社会经验的大学新生带来困惑和迷茫。因此，积极引导大学生适应环境、适应大学生活，对于大学生的成熟和心理健康具有重要作用。

首先，学校应积极为大学新生营造良好的入学氛围，在新生入学报到的第一天，要为新生提供入学报到流程引导，让新生能够顺利完成报到手续，并安排高年级同学为新生进行环境和入学引导，消除新生的恐惧和担忧心理。

其次，学校应对新生开展适应性教育，为新生答疑解惑，让新生能够快速适应大学的环境。

再次，为大学新生提供必要的知识传授与经验介绍服务，可通过集中教育、讲座、广播、宣传橱窗、网络及宣传手册等，为大学新生介绍学校的环境、学校的规章制度、学科专业与学习方式、心理健康知识、环境适应的基本内容、人际关系的构建与人际冲突的解决方法等。

最后，学校要积极为新生搭建实践平台，鼓励大学新生参与到校园文化活动中来，在活动中转变角色和适应环境。

二、人际关系的适应

（一）人际关系

社会学将人际关系定义为人们在生产或生活活动过程中所建立的一种社会关系。心理学将人际关系定义为人与人在交往中建立的直接的心理上的联系。人是社会动物，每个个体均有其独特的思想、背景、态度、个性、行为模式及价值观，人际关系对每个人的情绪、生活和工作都有很大影响，甚至对组织气氛、组织沟通、组织运作、组织效率及个人与组织的关系均有极大的影响。

（二）大学生如何适应人际关系

1. 正确认识自我，培养良好个性

大学生应当认识到良好的个性是良好人际关系形成的基础，也是人际吸引力的源泉。在人际交往中，认清自己的优点和不足，把握自己的情感和言行，摆正位置，做到谦虚谨慎，扬长避短，不断完善自我，进一步塑造自己的良好个性。正确对待他人的优缺点，做到豁达而不苛求，得到他人的认同和接纳。个人的行为应以不影响他人的利益为前提，与他人做到互相关心、照顾和谅解。增强合作协助、友好竞争的意识，在与他人的竞争中，倡导公平公开，既竞争又以诚相助，既竞争又合作。

2. 开放自我

现代社会是个开放的社会，人要适应时代的要求，在观念和行为方式上具有合理的开放性。在学校里，大学生要获得别人的理解和友谊，就要加强交往，不能封闭自己。一般来说，只有开放自己的内心，才能走进别人的心里。如果一个人不能充满信任地向其他人敞开心扉，沟通思想，交换意见，那么别人对他的理解也就无从谈起。当你对他人做出一个友好的举动，表示支持或接纳他时，他的心理就会产生一种压力，为保持自己的心理平衡，他便会对你报以相应的友好行为。善于与同学交谈和一起娱乐，能恰当分配时间与人交往，积极参加各种有益的集体活动，往往会与同学取得思想上的沟通、感情上的融洽。

3. 心理互换与相容

在生活中，受到各种因素的影响，可能会产生不能很好地理解他人的现象。但当你设身处地、站在他人的位置思考问题时，就可能会了解他人的想法和行为，从而获得许多从未有过的理解，使心理上的距离大大缩短。每个人都有保留自己意见和按照自己意愿去生活的权利，在交往中，只能用自己的思想去影响他人，而不可能强制改变他人的思想。只有时时处处尊重和理解他人的看法和选择，不苛求他人，才可能减少误解，从而达到心理相容。

4. 自觉抵制不正当的人际关系，避免人际关系庸俗化

大学生在人际交往中要有意识地选择那些品德高尚、情趣高雅、知识渊博的人，对那些不思进取、格调低俗的人应采取冷淡和疏远的态度。随着市场经济的发展，社会上各种不正当的人际关系也相继出现，如钱权交易等，人际交往被庸俗化。要解决这些问

题，还有待经济的发展、法律制度的健全和人们道德水平的提高。大学生对于各种不正当、庸俗化的人际关系应当坚决抵制，不应随波逐流。作为文化素养层次较高群体的一员，每名大学生都应该有丰富的知识和高尚的道德情操，只有这样，相互间才能建立更健康、更完善的人际关系。

三、学习的适应

学生进入大学学习和生活后，新的学习环境和学习内容与之前相比，会有很大不同。如何适应大学的学习生活，成为历届大学新生入学时的当务之急，也必然会对整个大学生活甚至一生产生一定的影响和作用。因此，对于大学新生来说，要先充分认识适应大学学习生活的重要性。

大学新生的学习适应问题是一个系统工程，应该做到以下三点：

第一，大学新生要树立正确的学习目标，激发可靠的学习动机。志当存高远，远大的目标可以激发学生的学习动力，维持长久的学习兴趣，直至养成良好的学习习惯。

第二，要养成并能良好地运用科学的学习方法，提高学习效果。针对高校课程种类多、授课内容多、上课进度快等特点，大学新生要尽快调整自己的学习方式，优化自己的学习习惯，特别是要做好课前预习和课后复习。

第三，寻求心理帮助，优化学习心理。调查研究发现，25%以上的大学新生存在各种各样的心理问题，其中有很大一部分源于对学习的不适应。对此，大学生应该积极、主动地寻求心理帮助，了解一些心理健康知识，进行自我调节，克服学习心理障碍。

四、经济的适应

大学新生在进入一个新的环境以后，其周围的人、事、物都发生了巨大的变化，大学生活丰富多彩，有各种社团、各种协会、各种联谊，这些内容让大学生的大学生活更加充实。然而，大学新生在进入大学以后，经济方面会发生较大变化，有些同学在高中阶段的经济消费较少，而大学生活中花费的地方很多，这促使不同家庭经济条件的学生出现不同的经济适应问题。家庭经济条件好的学生的经济来源较多，能够支撑大学生活的花费，而家庭经济条件差的学生的费用有限，在开支上较为节约。不同学生在经济方面的适应，也是一个较为复杂和漫长的过程，需要家庭、学校和教师等进行积极的引导。

当前，大学生的"超支"现象很严重，赶时髦、讲排场的风气对大学新生也有相当大的影响，于是，以各种名义要求父母追加费用的学生越来越多。另外，一部分学生则投入到经商的热潮中，以业余时间的劳动来赚取生活费用。花钱是要有计划的，要先考虑在整个大学生活中哪些开支是必需的、基本的，哪些是可有可无的，还要了解自己父母的经济能力和自己挣钱的可能性。大学生应该在进行这些基本情况分析以后，再制订自己的花钱计划，使之切实可行。

五、大学新生心理适应问题

（一）大学新生心理适应问题的表现

1. 环境适应不良

环境适应不良主要表现为生活习惯的变化和学习内容、学习方法的变化使学生在学习生活中出现焦虑、紧张等情绪反应。大学新生来自全国各地，从熟悉的地方来到陌生的地方生活，除了要克服饮食习惯上的变化，还要克服心理、文化和习俗变化所带来的不适。大学新生从中学升入大学，是人生的重要转折。在中学阶段，长辈们过度呵护，让学生全身心地投入到学习中，使他们呈现出高依赖性、盲目自信、以自我为中心等特征。学生在高中阶段的生活轨迹一般是"三点一线"，时间规划等由老师负责，而大学学习主要靠自主学习、自由支配时间，因此当新生踏入大学校门之后，可能会出现分离焦虑，在一段时间内出现孤独感和失落感，不能较好地适应新环境。

2. 人际关系适应不良

受我国计划生育政策的影响，很多大学生都是独生子女，父母的过度保护使得独生子女较以自我为中心，大学新生普遍交往能力不足。在入校后，一些性格方面的缺点逐渐暴露出来。一些大学生由于不敢交往、不善交往、缺乏交往意识等，与宿舍同学、班级同学的关系比较紧张，导致情绪苦闷，进而影响学习。有研究发现，在引发大学生心理适应障碍的原因中，有35%涉及宿舍生活，这使得一些大学生在面临变化的宿舍人际环境时，容易发生人际适应不良问题。也有一些学生因此沉浸在网络世界里，麻痹自己，在虚拟的世界里虚度光阴，从而荒废学业。还有一些学生，在评优评先时与他人产生人际矛盾，从而导致适应不良。

3. 学习适应不良

相当一部分大学新生在入学后对大学学习适应不良，表现为不了解如何进行自主学习，不能适应大学的学习方法和教学模式，一些大学新生没有了高考的要求，学习目标不明确，学习动机弱化，产生迷茫和困惑心理。部分新生不习惯大学学习的跳跃性、选择性及自主性，在学习上滋长厌倦情绪，由此产生无所适从感，在心态上出现空虚感和迷茫感。还有一部分大学新生，其在中学阶段，无论是在学习上，还是在各项活动中，均处于遥遥领先状态，而进入大学后，发现在大学中人才济济、强手如林，自觉平淡，因此产生很大的压力，渐感焦虑，出现适应不良。

4. 生活遭受挫折

对于许多大学新生来说，第一次离开父母过集体生活。他们的自理能力、适应能力和调整能力普遍较弱，一些大学生在生活中遭遇小挫折，如老师批评、与舍友争吵等事件之后，会产生强烈的反应性情绪，导致个体的消极体验，引发适应不良问题，这些问题都需要新生花费一定的时间和精力来进行调整和适应。还有些大学新生在入学以后就开始谈恋爱，且在失恋后不能很好地进行自我调节，进而产生各种不适感，导致学习和生活受挫。

（二）大学新生心理适应问题产生的原因

1. 家庭、生活环境的影响

家庭是孩子成长的港湾，父母是孩子的第一任老师。当前的大学生多是独生子女，从小备受家人溺爱，这种溺爱对大学生的人格形成起到了不良影响，例如，比较任性、以自我中心、不会关心他人等。尽管大部分大学新生已是成年人，但一些新生的生活自理能力非常差，缺乏集体合作精神。在进入大学之后，这些新生面对陌生的环境，其一些人格方面的缺陷就很快在集体生活中显现出来，使得舍友、同学间出现矛盾，一些学生出现孤独感、产生难过情绪等。同时，在中学时代的学习中，学生主要围绕高考在转，教师除了要讲好课之外，甚至兼任"保姆"，帮助学生处理很多事，在这种环境下，学生的独立性非常差，依赖性比较强。当学生进入高校之后，角色之间的差异和转化使得一部分大学生无所适从，引发心理不适，甚至出现心理问题。

陌生的生活环境，如生活习惯、气候差异等，会给大学新生的生活带来许多不便，容易造成部分学生的环境应激。如果他们不能在短期内顺利适应环境，便会影响其正常的学习和睡眠等，进而出现心理问题。

2. 应试教育对学生人格塑造的负面作用

应试教育以成绩衡量学生的水平，使得很多学校、家长把成绩优劣作为衡量学生好坏的唯一标准，其教育模式与考试方法限制了学生能力的充分发挥，所培养的学生难以适应工作的要求和社会的发展。这种教育的结果，使得一些学生极端看重分数，却忽视了其他方面的发展，心理承受能力非常脆弱。进入大学后，一些学生认为原来的理想实现了，而新的目标和动力尚未找到，单一的以分数论英雄的评价标准消失了，这种改变使得很多大学新生感到无所适从，遇到不顺心的事情之后，就很难进行自我调节。

3. 自我地位改变导致评价失调

有研究发现，在个体进入新环境时，一般自我效能感作为稳定的人格特征可能会对个体适应和学业成绩产生影响。每个人的生长环境是不同的，遗传素质也不同，所以在个体成长的过程中，某些个性也不相同。

经过高考拼杀的大学新生带着良好的自我感觉进入大学校园以后，突然发现自己只不过是大学生中的普通一员，在强手如林的新班集体里，面对新一轮的排列组合，昔日的优越感荡然无存，一些大学新生在心理上就会产生失落感。同时，高考过后，大家从埋头学习中抬起头来，猛然发现自己与他人除了学习成绩存在差距之外，在许多方面都有差距，例如知识、才艺、人际关系和家庭背景等方面，使得一些同学产生消极的自我评价。

六、如何做好心理适应

大学是一个人生命中最具投资价值的时期、最具希望的时期、最具有可塑性的时期、最具活力的时期、最敢于做梦的时期，也可能是人生中最孤独、内心最脆弱的时期，大学新生应重视的是大学的内在精神。有的同学在进入大学以后，感觉人生进入了自由而辉煌的时期，有明确的人生目标，因此在入学以后就制定了清晰的学习规划，并朝着目标不断努力，这类学生能很快适应新环境；而有的学生在进入大学后没有明确的人生规划，学习和生活较为迷茫，因此在入学之初，其重心完全放在了如何适应环境上，长时间地聚焦于环境适应和关系建构而忽略了学习，加上内心的孤独与脆弱，很容易就陷入无助、自卑的境地，进而严重影响学习。

（一）角色改变与自我评价

1. 自觉适应角色改变

（1）社会角色的转变。大学生与中学生所扮演的社会角色不同，中学生的心理和思想正在发展中，职业方向和社会角色不够确定；而大学生的职业方向基本确定，社会地位有了较大提高，社会对大学生的期望和要求标准要比中学生高得多。因此，大学新生要尽快完成从中学生到大学生的社会角色变化，处处用大学生的标准严格要求自己，既学做人，又学做事。

（2）思维方式的转变。与中学相比，大学生活节奏快，活动空间大，结交的人更多，面对这些环境条件的变化，大学新生的思维方式要做到由"非成人化"向"成人化"转变。在思考处理所遇到的问题时，要力求做到辩证、全面，而不要唯心、片面，要远见务实，而不要目光短浅，对人生重大问题的选择要深思熟虑、三思而后行，而不要盲目冲动或感情用事，要加强道德观念和法治观念，做事要考虑后果。

（3）生活方式的转变。进入大学后，衣食住行等个人生活都由学生自己来安排，自主、自立、自律是大学生活的主旋律。大学生应适应这些生活方式的变化，自主而合理地处理好个人的学习和生活问题，注意培养独立生活的能力，要自觉遵守学校的规章制度和作息时间，养成良好的生活习惯，要积极参加学校、班级组织的文体活动和第二课堂活动。

2. 培养全方位的交往能力

大学阶段是自我意识形成的重要阶段，健全的自我意识是大学生塑造健康人格、培养良好情绪的基础，也是大学生全面发展的重要条件。自我评价是自我意识的一个方面，是指人对自身条件、素质、才能等各方面情况的一种判断，而新生对自我的评价得当与否，将直接影响学习效能、职业选择、事业奋斗的自信心。

进入大学后，竞争的内容不再仅是学习成绩，而眼界学识、文体特长、社交能力、组织才干等都成了同学间相互比较的内容。金无足赤，人无完人，每个人都有自己的长处和短处，要学会对自己进行公正的、全面的评价，不要只看见自己的短处，而是要善于挖掘和发展自己的优势。

大学新生们要注意从以自我为中心向以集体为中心转变，在班级中要多关心他人，在宿舍中要相互礼让，要做到相互了解，相互适应，要提倡主动交往；同学间要相互尊重，相互关心，为人要诚恳热情，宽以待人，大事讲原则，小事讲风格；在与同学交往时，要坚持与人为善，要进行全方位交往，而不要有拉帮结伙等庸俗之风，注意人际关系的和谐性。

在交往中，要注意给人留下良好的印象，例如，衣着整洁大方、言谈举止文明礼貌、待人诚恳、不卑不亢、讲信用、守时间等；要消除交往中的羞怯情绪，培养交谈中的"说"与"听"技能；注意提高个人的修养水平，养成良好的行为习惯，培养全方位的交际能力和处事艺术。

对于大学新生来说，要注意做到"四要""四不要"。

"四要"：（1）要学：学生要以学为主，这是千古不变的真理。既然要学习，就必须付出一番努力。（2）要玩：大学生要以玩为辅，并且要有目的地玩，玩出价值来，可以参加感兴趣的学生社团及其他社会活动。（3）要观察：这里所说的观察，不仅要求大学生对科学现象有敏锐、独到的观察力，而且要对身边的人和事有观察力，尤其是在与人交往的过程中要做到善于观察，这样才能交到真正的朋友，还能学到许多宝贵的经验。（4）要思考：在观察之后，要学会思考。学生刚进入大学，对很多事情、事物都感到新鲜，就拿加入学生社团一事来说，并不是所有的社团都适合你，在选择时要多多思考，不应一时兴起而草率决定。

"四不要"：（1）不要妄自尊大。刚进大学，新生的心情自然不错，但不能因此而轻狂。大学是各类知识精英的汇集之地，你的老师可能是学界名流，而你的学弟、学妹可能已经小有成就，所以为人处世要低调一些，不要妄自尊大。（2）不要锋芒毕露。对于大学新生来说，其多数人涉世不深、年轻气盛，又容易偏激，刚刚进入大学，不要锋芒毕露，最好是多看多听，说话、做事三思而后行，才能逐渐走向成熟。（3）不要勾心斗角。家和万事兴，对于大学生活来说，学校即是家，大学生要团结同学、舍友，将其视为家人一般，和谐共处。（4）不要为情所困。高等院校对待爱情的态度，基本上是"不提倡"，也"不竭力禁止"，因为这毕竟是私事。当某天发现自己为情所困时，还是及早脱困为好，因为在大学生活中还有许多重要的事情等着你去做。

（二）学会自我调节

每个人都希望自己的才能得到发展，每个人都希望生命的航船能勇敢地冲破自己内心世界和外部环境的风浪险阻，坚定地驶向胜利的彼岸。那么，谁是驾驶你生命之舟的智勇舵手？不是别人，正是你自己。学会控制自己的情绪，积极地适应现实，就会发展自己。

1. 正视现实，提高自立和自理能力

作为大学生，只有解放思想、实事求是，与时俱进、勇于实践，才能适应不断变化的客观环境，才能在复杂多变的自然环境和社会环境中健康地生活、积极地发展。每个人都不可能处处、时时、事事顺心如意，大学生同样处于这个客观规律之中，同样需要正视现实、适应环境。

首先，要及时了解、认识大学这个新环境，正确认识和评价自己对大学的理想化倾向，主动摆正自己与环境之间的关系。

其次，要尽快在心理上和行为上改变过去对父母、老师过分依赖的倾向，在实践的一时一事中有意识地体验生活的充实和事业的成功，努力使自己变得自信、自立、自强。

最后，要以积极的态度和行动解决生活习惯上的不适应等问题。解决这些问题的方法有很多，最重要的是要用心理学的方法进行自我调节，使自我保持情绪的相对稳定，心平气和地与环境中各种相关因素打交道，有了不良情绪要及时消除，如此坚持不懈，任何困难都能被战胜。

2. 合理规划目标

无论是工作、学习，还是生活，要想有好的结果，必须规划、确定好目标，很多适应困难都与目标确定不当有关。确立目标，首先应当根据社会发展和自我发展的需要，为自己制定一个远期目标，还要制定一个为实现远期目标所设立的近期目标，即短期内立即要做的事，一件一件地做，并以此一步步接近并最终达到远期目标。

对于目标的制定，要依据自己的个性特点、能力及客观条件而定，不要盲目地追随别人或社会时尚，否则不但很难获得成功，还会影响自己的心理平衡；还应及时根据已经变化了的情况进行调整，以免目标脱离实际而不能实现。大学生确立了一个合适的目标后，就会有行动的方向和动力，就会充满信心和活力，才能体会大学生活和学习中的成就感和充实感，进而实现自己的目标和理想。

3. 学会与人沟通，建立良好的人际关系

人对环境的适应，主要是对人际关系的适应。有了良好的人际关系，人才有了支持力量，有了归属感和安全感，心情才能愉快。良好人际关系的建立离不开良好的人际沟通，良好的人际沟通是开启人与人心灵沟通的钥匙，是化解人与人误解和冲突的宝剑，

是增进人与人感情的润滑剂。尊重、理解和信任他人是建立良好人际关系的基石，只有建立在尊重、理解和信任他人基础上的人际关系，才能纯洁、长久和有活力。人际交往要心理相容，每个人的长处和短处各不相同，应本着求大同存小异的原则，学习别人的优点，包容别人的缺点，才能拥有更多的朋友。尽管现在社会竞争激烈，利益冲突增多，但无论到什么时候，那些不过分计较得失、多为别人着想的人，总是会受到大家的尊重和喜爱的。

作为大学生，应学会多渠道、主动地与老师交流、合作。要理解老师的多种角色，有的老师不仅是老师，而且是领导，还有的是科研工作者，因此他们的时间非常宝贵，当你遇到问题或者存在某些疑惑时，如果你不能主动与老师沟通和交流，老师可能就认为你没有问题需要他们帮助解决。当然，与老师的沟通与交流有多种方式，不仅可以面对面地交流，还可以通过网络、电话和书信等来交流。

4. 正确调控自我

（1）要建立理性的认知方式。正确的认知是人适应与发展的前提和基础。人们对生活的不适应，大部分来源于对现实的不合理认知方式，例如，对自己、对别人以偏概全，对自己行为"糟糕至极"的悲观预期等。因此，大学生要培养自己的辩证思维方式，改变对自我、对他人、对社会的不恰当认知。

（2）要适应角色要求。大学新生面临着多方面的变化，因此要了解自己的长处和缺点，了解社会和环境对自己的要求。这样做，就能使他人的角色期望与自己的角色选择一致，以便有效地控制和改变自己的态度与行为，以达到改善人际关系和提高工作、学习效率的目的，使现实的自己不断地向理想的自己靠近。

（3）要有效控制情绪。情绪和情感是否良好，对人的意志、行为和个性心理等起着重要的作用。同时，它还影响人体健康和人际关系，影响人们的学习和工作，甚至影响个人的成功与发展。大学生们面临着社会的巨大变革及环境和角色的改变，难免会产生一些消极情绪和情感，若不及时疏导、控制和调适，轻者会陷入情绪低落或淡漠之中，重者会产生恐惧、焦虑、烦躁等情绪障碍，进而影响个人的适应与发展。因此，大学生必须努力使自己保持积极、乐观、稳定的情绪。

5. 积极行动

有的大学生认为自己不快乐或生活质量不高，一个很重要的原因就是他缺乏积极、主动的行动。一切的幸福、充实与美好，都与积极行动有关。美国教育家卡耐基说："如果想要快乐，就为自己立一个目标，让它支配自己的思想，释放出自己的活力，并鼓舞自己的希望。快乐就在你心里。"去做具体而明确的事，把自己的全部心思和活力都放在其中，这就叫积极行动。

积极行动可以摆脱由于环境不适应而带来的孤独、苦闷、烦躁、恐惧和空虚。当你对环境不满意、不熟悉时，只要积极行动，为集体、为他人多做些事情，你就会逐渐熟悉环境，别人也会从你的行动中了解你，你就会逐渐融入新的环境之中。当你全身心地投入到学习中去的时候，你就不会像往日那样去琢磨自己的心境。其实，很多烦恼都来自自己的"冥思"，那些专心于自己事业的人们，那些辛勤劳动着的人们，根本没有时间去空虚、烦恼和失落。即使面对严重的生活挫折或心理应激，只要他不放弃积极行动，必能以积极的态度去处理和应对，把损失或伤害降到最低。

作为大学生，积极行动意味着你能积极投入到学习和学校的各项活动中去，积极投入到社会的各项实践活动中去，在这些活动中提高自我选择、自我决断、自我管理能力，提高处理各种复杂事情的能力，也能提升自己的信心，完善自己的人格。

6. 学会正确使用心理自卫机制

正确运用心理自卫机制，可以有效化解由适应不良引起的心理不适。例如，运用合理宣泄手段，把个人忧虑、烦恼和不平向自己信任的老师、同学和朋友宣泄一番，可能会减轻心理压力；恰当的自我安慰，可以缓解心理矛盾与冲突；"转移"能使你避开引起自己不良情绪的人、事和环境，把情绪转移到新鲜的事情上；"升华"与"补偿"是让自己的原有冲动和欲望导向更加合理的方面，使你奋发图强，创造人生的新的价值。只要你相信自己是心理的主人，你就会成为自己的心理医生。

第二节 大学生情绪

大学生活对于许多人来说是美好的，也是愉快的，但总体来说，大学生活还是紧张的。在经济发展日益迅速的今天，大学生面临许多压力，有的来自社会，有的来自家庭，也有的来自大学生自身。社会对大学生的期待颇高，大学生的心理压力大、学习负担重、竞争激烈等都容易使大学生的心理处于紧张状态，适当的负面情绪发泄是正常的，如失利后的伤心、对于学业的紧张，这些都不是太大的问题，但如果大学生不能正确处理生活和学习中的这些问题，久而久之就会影响心理健康，那些不能被正确处理的情绪问题，有时将会引发严重的后果。

情绪是对一系列主观认知经验的通称，是多种感觉、思想和行为综合产生的心理和生理状态。最普遍、通俗的情绪有喜、怒、哀、惊、恐、爱、恨等，也有一些细腻微妙的情绪，如嫉妒、惭愧、羞耻、自豪等。无论是正面的情绪，还是负面的情绪，都是引发人们行为的动机。个体的情绪受到各种因素的影响，也会对个人行为产生积极或消极的影响，因此应正确看待情绪对人的身心健康所具有的重要作用。

一、情绪的基本内涵

（一）情绪的构成

情绪既是主观感受，又是客观生理反应，具有目的性，也是一种社会表达，情绪是多元的、复杂的综合事件。情绪构成理论认为，在情绪发生的时候，有五个基本元素必须在短时间内协调、同步进行。

认知评估：主体注意到外界发生的事件（或人物），认知系统自动评估这件事的感情色彩，因而触发接下来的情绪反应（例如，看到心爱的宠物死亡，宠物主人的认知系统把这件事评估为对自身有重要意义的负面事件）。

身体反应：身体自动反应，使主体适应突发状况，即情绪的生理构成（例如，意识到死亡无法挽回，宠物主人的神经系统觉醒度降低，全身乏力，心跳频率变慢）。

感受：人们体验到的主观感情（例如，在宠物死亡后，宠物主人的身体和心理产生一系列反应，主观意识察觉到这些变化，把这些反应统称为"悲伤"）。

表达：面部和声音变化表现出这个人的情绪，这是为了向周围的人传达情绪主体对一件事的看法和他的行动意向（例如，看到宠物死亡，宠物主人紧皱眉头、嘴角向下、哭泣）。

行动的倾向：情绪会产生动机（例如，人在悲伤时希望找他人倾诉，在愤怒时会做一些平时不会做的事）。

（二）情绪的分类

情绪无好坏之分，一般只划分为积极情绪和消极情绪。由情绪引发的行为则有好坏之分，行为的后果有好坏之分，所以说，情绪管理并非消灭情绪，也没有必要消灭，而是疏导情绪并合理化之后的信念与行为。

1. 我国传统的情绪分类

人的情绪有"七情"，即喜、怒、哀、惧、爱、恶、欲。在近代的研究中，常把快乐、愤怒、悲哀和恐惧列为情绪的基本形式。

《说文解字》全书收录了 9 353 个正篆，1944 年，我国心理学家林传鼎从这些字中找出 354 个描述人的情绪表现的字，按其释义分为 18 类，即安静、喜悦、限怒、哀冷、悲痛、忧愁、愤急、烦闷、恐惧、惊骇、恭敬、抚爱、憎恶、贪欲、嫉妒、傲慢、惭愧和耻辱。

2. 伊扎德的情绪分类

近年来，西方情绪心理学中的一派倾向于把情绪分为基本情绪与复合情绪。美国心理学家伊扎德确定的基本情绪的标准为：基本情绪是先天预成、不学而能的，并具有分别独立的外显表情、内部体验、生理神经机制和不同的适应功能。按照这个标准，伊扎德通过因素分析法，提出了人类所具有的基本情绪分类，其分类举例见表5-1。

表 5-1　基本情绪

基本情绪		身体驱力	感情—认知结构倾向
兴趣	厌恶	饥饿	内—外倾向
愉快	轻蔑	干渴	自谦
惊奇	恐惧	疲劳	活跃
痛苦	害羞	疼痛	沉浸
愤怒	内疚	性	多余

伊扎德把复合情绪分为三类：第一类为在基本情绪基础上的两三种基本情绪的混合；第二类为基本情绪与内驱力身体感觉的混合；第三类为感情—认知结构（特质）与

基本情绪的混合。依此分类，复合情绪则会有上百种之多。伊扎德关于复合情绪的举例见表5-2。

表5-2 复合情绪

基本情绪混合	基本情绪—内驱力混合	感情—认知结构混合
兴趣—愉快	兴趣—性驱力	自卑—痛苦
痛苦—愤怒	恐惧—疼痛	愤怒—痛苦
恐惧—害羞	厌恶—疲劳	沉静—害羞
轻蔑—厌恶—愤怒	兴趣—享乐—性驱力	多疑—恐惧—内疚
恐惧—内疚—痛苦—愤怒	恐惧—愤怒—疼痛	活力—兴趣—愤怒

上列复合情绪有些是可以命名的，例如，轻蔑—厌恶—愤怒的复合可命名为敌意。愤怒是一种"热"情绪，轻蔑和厌恶均为"冷"情绪，它们的结合决定着敌意情绪中攻击性的程度。又如，恐惧—内疚—痛苦—愤怒几种情绪的复合是典型的焦虑，其组成中的愤怒和痛苦成分的相对强弱决定着焦虑是兴奋类型，还是抑制类型。很多复合情绪是很难命名的，即使是上表中已经列出的复合模式，也难以——命名。

3. 克雷奇等人的情绪分类

美国心理学家克雷奇、克拉奇菲尔德和利维森等人把情绪分为四类：

（1）原始情绪，即将快乐、愤怒、恐惧、悲哀视为最基本的或原始的情绪。

（2）与感觉刺激有关的情绪，包括疼痛、厌恶和轻快，这类情绪可以是愉快的，也可以是不愉快的。

（3）与自我评价有关的情绪，包括成功的情绪与失败的情绪、骄傲与羞耻、内疚与悔恨等，这些情绪决定于一个人对自身行为与客观行为标准的关系的知觉。

（4）与他人有关的情绪，即发生在人与人之间的情绪种类似乎无限繁多，按照积极的与消极的维度，可以把它们分为爱和恨两个大类。

4. 情绪的状态分类

按照情绪的状态，可将情绪分为心境、激情和应激三种。

（1）心境。心境是一种微弱、弥散和持久的情绪，也就是平时所说的心情。心境的好坏，常常是由某个具体而直接的原因造成的，它所带来的愉快或不愉快会保持一个较长的时段，并且把这种情绪带入工作、学习和生活中，影响人的感知、思维和记忆。愉快的心境让人精神抖擞，感知敏锐，思维活跃，待人宽容；而不愉快的心境让人萎靡不振，感知和思维麻木，多疑，其看到的、听到的全都是不如意、不顺心的事物。

（2）激情。激情是一种猛烈、迅疾和短暂的情绪，类似于平时所说的激动。激情是由某个事件或某种原因引起的当场发作，情绪表现猛烈，但持续时间不长，并且牵涉面不广。激情通过激烈的言语爆发出来，是一种心理能量宣泄，从一个较长的时段来看，对人的身心健康平衡有益，但过激情绪也会使当时的失衡产生危险，特别是当激情表现为惊恐、狂怒，而又爆发不出来的时候，全身发抖、手脚冰凉、小便失禁、浑身瘫软，那就得赶快将其送往医院了。

（3）应激。应激是在出乎意料的紧迫与危险情况下引起的高速而高度紧张的情绪状态。应激反应指所有对生物系统导致损耗的非特异性生理反应和心理反应的总和。

二、情绪的影响因素

情绪变化受到多种因素的制约，常见的影响因素有认识因素、气质类型和环境刺激等。

（一）认识因素

认识在情绪体验中是一个非常重要的因素。相同的情境，如果对其有不同的认识评价，就会产生不同的情绪体验。

我们无法左右客观事件的发生，有些事件是不以人的意志为转移的，但是主观信念是我们可以通过努力加以控制的。虽然我们无法避免所有不合理的信念，但我们应充分认识它的存在，尽量减少其对我们生活的负面影响。不合理信念具有以下三个特征：

1. 绝对化要求

它通常与"必须""应该"这类词连在一起，例如，我"必须获得成功""别人必须很好地对待我""生活应该是很容易的"等。俗话说，人生不如意事十之八、计划不如变化快，生活中的很多事情是不以人的意志为转移的，我们不可能在每一件事情上都获得成功，同样，周围人和事物的表现与发展也不可能以我们的意志为转移。

2. 过分概括化

以一件事情的成败来评价整个人（包括自己或他人），这是一种非常武断的行为。在这个世界上，每个人都要更加全面地认识自己，既要看到"黑"，又要看到"白"，所以每个人都应接受自己和他人是有可能犯错误的。

3. 糟糕至极

糟糕就是不好、坏事了的意思。当一个人讲什么事情都糟透了、糟极了的时候，对他来说，往往意味着碰到的是最坏的事情，是一种灭顶之灾。我们当然希望不好的事情不要发生，但我们没有任何理由说这些事情绝对不应该发生。当一切已成事实，我们必须努力去接受现实，尽可能去改变这种状况，当实在不能改变时，则要学会在这种状况下生活下去。

（二）环境因素

环境因素对人的情绪影响是不可忽视的，大自然变化、颜色刺激、饮食、音乐、衣着及睡眠程度等都会对情绪产生影响。

1. 大自然变化

一般来说，阴雨天气较容易使人们产生低落的情绪，如果天气转晴，心情也就跟着好多了。现代医学研究表明：在满月时，人大脑中的自然电磁压力会发生变化，对月亮敏感的人，大脑右半球的电磁压力增加，其后果是导致情绪不稳定，容易激动。有关专家建议，在满月的日子里，对月光敏感的人在工作时不要太紧张，要多休息。

2. 颜色刺激

大家可能会深有体会，到了春天，大自然就像一扇画屏，人在画屏中行走，烦恼的情绪一时也被荡涤殆尽，于是就产生了阳春三月人们到郊外踏青的习俗。一般来说，鲜艳的颜色能驱赶人的不良情绪，使人的心情发生好转，所以在五彩缤纷的春天，人们的情绪往往非常好。

三、情绪的功能与作用

（一）信号功能

情绪的信号功能表现在个体将自己的愿望、要求、观点和态度，通过情感表达的方式传递给别人，以影响他们。它是非言语沟通的重要组成部分，在人际沟通中具有信号意义。例如，点头微笑、轻抚肩膀表示赞许，摇头皱眉、摆手表示否定，面色严峻表示不满或者问题严重等。

在人际交往中，人们除了借助言语进行交流之外，还通过情绪的流露来传递自己的思想和意图。例如，听朋友叙述其不幸遭遇时，自己会一同落泪或表现出悲伤的情绪，传达自己的同情和理解的情绪、情感。在这里，情绪的功能是通过表情来实现的。表情具有信号传递的作用，属于一种非言语性交际，人们可以凭借一定的表情来传递情绪信息和思想愿望。在社会交往的许多场合，人们之间的思想、愿望、态度和观点仅靠言语是无法充分表达的，有时甚至不能言传，只能意会，这时表情就起到了信息交流的作用。例如，学生在上课时不注意听讲，教师的一个眼神或者一个手势都会起到提示、警醒的作用。在表情当中，面部表情和体态表情更能突破一些距离和场合的限制，发挥独特的沟通作用。例如，马路两侧的熟人打招呼，当他们听不到或听不清说话内容时，就可以通过招手和微笑来示意。

（二）组织功能

情绪作为人脑内的一个检测系统，对其他心理活动具有组织的作用，这种作用表现为积极情绪的协调作用和消极情绪的破坏、瓦解作用。其组织作用还表现在人的行为上，当人处在积极、乐观的情绪状态时，容易注意事物的美好方面，其行为比较开放，愿意接纳外界的事物。当人处于消极的情绪状态时，容易产生失望、悲观的情绪，放弃自己的愿望，甚至产生攻击性行为。

（1）情绪作为一种人脑中持续存在的状态，从整体上影响信息加工的发动、干扰和结束，即情绪的组织性功能随时对人的认知加工和行为反应发挥作用。有研究表明，一定强度水平的感情状态或者说心境，具有提高认知加工的效果；超高强水平的感情激活则干扰甚至阻断认知的加工进程，过低激活则不足以维持认知加工所要求的激活量。情绪的正性特征或负性特征会影响信息的选择性加工，一般来说，正性情绪能改善人的智能操作质量，愉快比痛苦显示出更优的操作效果，兴趣比恐惧显示出更优的操作效果，同一情绪的不同强度对操作效果的影响也有不同。

（2）情绪影响注意、记忆和决策等认知过程。对一些焦虑患者的研究表明，焦虑情绪使人脑对注意的加工变得狭窄。当人处于焦虑或恐惧中时，他们的注意力主要集中在所害怕的事情上，而不注意周围存在的其他事物。

在记忆的遗忘规律中，情绪是一个重要变量。在一项对刑事案件证人进行的作证记忆研究显示，涉及情绪的记忆会增加回忆的准确度：情绪被震惊者在事件后（对警察）作证的回忆量为93.36%，5个月后其作证回忆量为88.24%，而情绪未被震惊者的两次作证回忆量均为75%。

同样，情绪对决策也有重要作用。以前，人们较多开展的是对负性情绪的干扰、破坏作用探讨。近20年来，人们把注意力转向正性情绪与认知关系的研究，更着重研究中等强度的情绪状态，如心境对思维的组织作用。

大量的实验结果表明，正性情绪可以促进思维的灵活性，有助于人们应对麻烦事件和减少对抗事件的发生。中等强度的正性情绪状态对思维和决策的影响不仅是充分的，而且有利于改善思维和决策的质量。

（三）动机功能

情绪具有激励作用，具有调节功能。情绪的激励作用是指情绪对人的活动起发动、促进和调控的作用。适度的情绪兴奋可以使身心处于活动的最佳状态，进而推动人们有效地完成任务。

情绪能够以一种与生理性动机或社会性动机相同的方式，激发和引导行为。有时，我们会努力去做某件事，只因为这件事能够给我们带来愉快与喜悦。从情绪的动力性特征来看，情绪分为积极增力情绪和消极减力情绪。快乐、热爱、自信等积极增力情绪会提高人们的活动能力，而恐惧、痛苦、自卑等消极减力情绪则会降低人们活动的积极性。

个体的情绪表现常被视为动机的重要指标。由于情绪可能与动机引发的行为同时出现，情绪表达能够直接反映个体内在动机的强度与方向，因此情绪也被视为动机潜力分析的指标，即对动机的认识，可以通过对情绪的辨别与分析来实现。

动机潜力是在具有挑战性的环境下所表现出的行为变化能力。当个体面对危险情境时，动机潜力会发生作用，促使个体做出应激行为。对动机潜力的分析，可以由对情绪的分析获得。当面对应激场面时，个体的情绪会发生生理的、体验的、行为的变化，这些变化会告诉个体在应激场合动机潜力的方向和强度。当面临危险时，有的人头脑清晰、沉着冷静地离开；而有些人则惊慌失措、浑身发抖，不能有效地逃离现场。这些情绪指标可以反映出人们动机潜能的个体差异。

（四）健康功能

人对社会的适应是通过调节情绪来进行的，情绪调控的好坏会直接影响人的身心健康。作为心理因素的一个重要方面，情绪与身体健康的关系早已受到人们的关注。

情绪对健康的影响作用是众所周知的，积极的情绪有助于身心健康，消极的情绪会引起人的各种疾病。我国古代医学典籍《黄帝内经》中就有"怒伤肝、喜伤心、忧伤肺、思伤脾、恐伤肾"的记载。有许多心因性疾病与人的情绪失调有关，例如溃疡、偏头痛、高血压、哮喘等；有些人患癌症也与长期的心情压抑有关。一项长达 30 年的关于情绪与健康的关系的追踪研究发现，年轻时性情压抑、焦虑和愤怒的人患结核病、心脏病和癌症的比例是性情沉稳的人的 4 倍。

美国心脏病学会认为易患上心脏病人群的特征是生活压力过大，自我要求过高，性情暴躁，易发脾气。一些临床医学研究也证明，长期受不良情绪困扰会导致各种身心疾病的发生。因此，对不良情绪进行控制、引导，代之以积极乐观的情绪，不但能提高生活质量，而且能有效防治身体疾病，所以积极而正常的情绪体验是保持心理平衡与身体健康的条件。

美国加州大学心理学家艾克曼曾做过实验，要受试者做出惊讶、厌恶、忧伤、愤怒、恐惧和快乐等表情，结果发现他们的身心也跟着起了变化。当受试者表现出害怕时，他们的心跳加速，皮肤温度降低了，而当受试者表现出其他五种情绪时，他们的身心也有不同的变化。

好心情是好身体的基石，是做好工作的关键，是拥有好生活的秘诀。当人的心情不好时，会不自觉地把坏心情抱得更紧；如果关起门不跟别人说话，生闷气，锁着眉头胡思乱想，其结果就是心情更坏、更难过。因此，人要学会放下坏心情，拒绝让它折磨自己才行。我们若想拥有好心情，就得从原有的坏心情中开脱出来，从烦恼的死胡同中走出来。此外，还要注意我们的仪容，挺直身体，抬起头来，衣着端庄而得体。

四、大学生情绪的特点

大学阶段是人生中非常重要的阶段，是个体认知、情绪和行为发展的关键时期。大学生作为一个特殊的群体，其情绪也具有鲜明的特点，大学生的情绪既有共性，又有个体差异，因此正确看待大学生的情绪特点，充分利用情绪中的优点为身心健康服务，是当前大学生情绪教育的重要课题。

（一）大学生情绪的一般特点

大学时期是青年人心理成熟的重要时期，也是情绪丰富多变、相对不稳定的时期。随着社会地位、知识素养的提高，以及所处特定年龄段的影响，大学生的情绪带有鲜明的特征，具体表现在以下五个方面：

1. 丰富性和复杂性

从生理的发展来看，大学生正处于多梦的年龄段，几乎人类所具有的各种情绪，都可在大学生身上体现出来，并且各种情绪表现的强度不一，有悲哀、遗憾、失望、难过、悲伤、哀痛和绝望之分；从自我意识的发展来看，大学生表现出较多的自我体验，自我尊重的需要强烈，易产生自卑、自负等情绪体验；从社交方面来看，大学生的交际范围日益扩大，与同学、朋友及师长之间的交往更细腻、更复杂，有的大学生开始体验一种更突出的情感——恋爱，而恋爱往往又伴随着深刻的情绪体验，这种特殊的体验对大学生有十分重要的影响；在情绪体验内容上，大学生的情绪呈现出丰富多彩的特征，以惧怕的情绪来说，大学生所怕的事物主要与社会的、文化的、想象的、抽象的、复杂的事物和情势有关，诸如怕考试、怕陌生人、怕惩罚和怕寂寞等。

2. 波动性和两极性

大学时期是人生面临多种选择的时期，学习、交友和恋爱等人生大事的大部分在这一阶段完成。社会、家庭、学校及生活事件都会对大学生的情绪产生影响。尽管大学生的认知水平较中学阶段有了一定的提高，对自己的情绪有了一定的控制能力，情绪趋于稳定，但与社会上的成年人相比，大学生相对敏感，情绪带有明显的波动性，一句善意的话语、一个感人的故事、一支动听的歌曲、一首情理交融的诗歌都可以使大学生的情绪发生巨大的变化，特别是在社会转型的过程中，社会的变迁、体制的变革、新旧价值观的更替等复杂的社会现象更容易使大学生产生困惑和迷茫，产生情绪上的困扰与波动。

同时，大学生正处于情绪表现的动荡时期，受到自我认知、生涯发展及心理发展还未成熟等影响，他们的情绪起伏较大，带有明显的两极化特征：在取得胜利时容易得意忘形，在遭受挫折时容易垂头丧气；在高兴时花草皆笑，在悲伤时草木流泪，情绪的反应摇摆不定、跌宕起伏。有人对部分大学生进行了调查，发现 70% 大学生的情绪经常是两极波动的，也就是像波动曲线一样忽高忽低、忽而愉快忽而愁闷。

3. 情绪的冲动性与爆发性

心理学家霍尔认为青年期处于"蒙昧时代"向"文明时代"演化的过滤期，其特点是动摇的、起伏的，他把这一时期称为"狂风暴雨"时期。由于知识水平和认知能力的提高，大学生对自己的情绪能够有所控制，但由于他们兴趣广泛，对外界事物较为敏感，加上年轻气盛和从众心理，因而在许多情况下，其情绪易被激发，犹如狂风暴雨般，带有很大的冲动性。他们往往对符合自己信念、观点和理想的事件或行为迅速产生热烈的情绪，对于不符合自己信念、观点和理想的事件或行为，则迅速表现出否定的情绪；个别人有时甚至会盲目狂热，而一旦遇到挫折或失败又会灰心丧气，情绪来得快，平息得也快。

大学生情绪的冲动性常与爆发性相连。大学生的自制力较弱，一旦出现某种外部的、强烈的刺激，情绪便会突然爆发，容易在语言、神态及动作方面失去的控制，忘了其他事物的存在，极易产生破坏性的行为和后果。

4. 阶段性和层次性

由于大学阶段对各个年级学生的培养目标和培养重点不同，教育方式和课程设置也有所区别，所以各个年级学生面临的问题不同，大学生的情绪特点也不同，呈现出阶段性和层次性特点。大学新生面临的是适应环境、改变学习方法、熟悉并了解新的交往对象，以及确立新的目标等问题，自豪感与自卑感混杂，放松感和压力感并存，新鲜感与恋旧感交替，情绪波动大；大学二年级、三年级学生经过了一年级的适应过程后，能够融入校园生活中，情绪较为稳定；毕业班学生面临毕业论文（毕业设计）及择业等多方面重大问题，压力大，情绪波动大，消极情绪多。另外，由于社会、家庭及自身要求和期望的不同，加上大学生间能力和心理素质的差别，所以不同的大学生会呈现不同的情绪状态。

5. 外显性与内隐性

大学生对外界刺激反应迅速、敏感，喜、怒、哀、乐常形于色，比成年人更外露和直接，但与中小学生相比，大学生会掩饰、隐藏或抑制自己的真实情感，表现出内隐、含蓄的特点。一般而言，大学生的很多情绪是一眼就能看得出来的。但由于自制力的逐渐增强，思维独立性和自尊心发展，他们的情绪外在表现与内心体验并不总是一致的，在某些场合和特定问题上，有些大学生会隐藏或抑制自己的真实情感，例如，对学习、交友、恋爱和择业等具体问题，他们往往深藏不露，具有很大的内隐性。另外，随着大学生社会化的逐渐完成与心理的逐渐成熟，他们能够根据特有条件、规范或目标来表达自己的情绪，使得自己的外部表情与内部体验的不一致性降低，例如，有的学生对异性萌生了爱慕之情，却往往留给对方的印象是贬低、冷落人家。

（二）大学生情绪的个别差异

不同的人有着不同的情绪体验，有的人情绪激昂，有的人多愁善感，有的人热情洋溢，而有的人淡漠无情。由于家庭环境、教育和接触的人不同，大学生之间的情绪存在很大差异，不同年龄阶段、不同性别、不同文化背景和不同个性特征的大学生在面临同样的情景时，会产生不同的情绪。

有关研究表明，大学生的情绪在性别、年级、生活地域等方面存在差异。例如，女大学生的情绪状态具有开放热情、敢想敢说、富有幻想和激情等特点，但容易出现抑郁、焦虑、多愁善感等不稳定情绪，而男生的情绪状态相对女生来说更稳定，主动敢为性更强，更具有独立性和刚毅性，但当其处于冲动状态时，也容易出现情绪失控、行为过激现象；在高压的家庭教育环境下成长的大学生更多地表现出恐惧、暴躁等情绪，而在民主的家庭教育环境下成长的大学生表现得更积极、向上、乐于助人；在放任型的家庭教育环境下成长的大学生缺乏自我控制能力，外显的行为问题比较多，在情绪上常感到受挫、不快乐；不同性格特征大学生的情绪体验也有所差异，A 型性格的大学生具有挑战性、急躁、追求完美、工作投入，B 型性格的大学生悠闲、放松、容易满足、情绪波动较小，C 型性格的大学生被动、无助、谦逊、负性情绪较多。

（三）情绪对大学生心理健康的影响

1. 情绪对大学生健康的影响

现代生理学、心理学和医学的研究成果表明，情绪对人的身心健康具有直接影响。若能保持愉快的心境，为人开朗乐观、积极向上，则人体免疫功能活跃旺盛，可以减少患病的机会，有益健康。不仅如此，良好的情绪不仅使大学生对生活充满希望，对自己满怀信心，而且能够使他们求知欲增强、思维敏捷、富于创造力、爱好广泛、建立良好的人际关系，促进他们的全方位发展。

与此相反，消极的情绪对人的身心健康危害极大，在压抑、紧张、焦虑、恐惧等消极情绪的长期作用下，人的免疫能力下降，容易患各种传染性疾病，内脏功能也会受到伤害。许多研究表明，消极情绪是健康的大敌，突然而强烈的紧张情绪会破坏大脑皮层的兴奋、抑制平衡，使人的意识范围狭窄、判断力减弱，失去理智和自制力。调查发现，在大学生中常见的消化性溃疡、紧张性头痛和偏头痛、心律失常、月经失调及神经性皮炎等，都与消极情绪有关。

2. 情绪对大学生学习的影响

情绪不仅与大学生的身心健康有关，而且与大学生的潜能开发、学习和工作效率有关。良好的情绪、情感往往会使大学生乐于行动，有兴趣学习、工作和活动，有助于开阔思路、集中注意力、增强创造性。研究发现，精神愉快、心情舒畅、紧张而轻松是思考和创造的最佳状态。

心理学家在通过实验研究情绪与学习成绩的关系时，通常将焦虑程度与学习成绩分别作为自变量和因变量，然后采用自我评定法和生理反应法来研究它们之间的函数关系。研究结果表明，焦虑程度与学习成绩的关系呈倒 U 型，适度的焦虑能使大学生取得较好的学习效率，焦虑程度过高或过低均难以取得优异的学习成绩。在生活中常有这种现象，有的大学生在考试时过分紧张，结果出现"晕场"现象；反之，有的学生对考试采取糊弄的态度，考试成绩也不理想。

3. 情绪对大学生人际关系的影响

具有良好的情绪特征，例如乐观、热情、自尊、自信，是人们产生相互吸引的重要条件，有助于缩短彼此的心理距离、使情感更加融洽。而自卑、情绪压抑、爱发怒的人往往不能与他人正常相处，让人觉得难以沟通，进而使人们之间的关系不断疏远。

由于情绪具有感染性与传染性，拥有良好的情绪，积极而稳定、适度的情绪反应，正性情绪大于负性情绪的人，在人群中更受欢迎，更容易获得别人的赞赏，容易形成良好的人际关系。一位大学生这样形容同宿舍的另一位同学："他的情绪喜怒无常、无法把握，与他相处如履薄冰，我们时刻要受他情绪的支配与感染。我认为，他没有用坏情绪影响我们心情的权利，因而我们都选择逃避，尽量少与他交往。"大学生在人际交往中，要注重提高自身的修养，学会适度控制与调节自己的情绪，做情绪的主人，才能拥有良好的人际关系。

4. 情绪对大学生行为目标的影响

1979 年，心理学家埃普斯顿在《人类情绪的生态学研究》这篇文章中，介绍了他对大学生的自我观念、情绪与行为变化关系的研究成果。结果表明，当体验到的是积极情绪，如感到高兴、亲切、安全和平静等，大学生的行为目标也往往是积极的、生动的，对新经验的接受和选择、对周围人的尊重和理解、对价值和长远目标的献身精神等都明显增强；当体验到的是痛苦、愤怒、紧张或受威胁等消极情绪时，一部分大学生的社会兴趣下降，反社会行为增加，对新经验持审慎、闭锁的态度，另一些大学生的行为并没有向消极方面转化，而是吸取教训、准备再干。

埃普斯顿的实验结果表明：积极的情绪体验与积极的行为变化总是有一致关系的。因此，在大学生活中，大学生要尽可能多地缔造这种关系，积极引导消极情绪，使之转化成为实现长远目标和价值而献身的精神。

第三节 大学生健康良好情绪的培养

在日常的学习和生活中，大学生会遇到各种各样的情绪问题，不良情绪会给大学生带来消极影响，有些还会造成严重的心理问题，影响大学生的身心健康。因此，大学生应正确看待不良情绪，主动采取合理的、理性的、有效的方法，来调节不良情绪，进而养成健康的情绪。

一、健康情绪的基本特征

（一）主导心境积极愉快

心境对我们的心理活动起到背景的作用，对人的注意产生引导作用和制约影响。例如，同样是半杯水，在积极、愉快、阳光的心境下，人们看到的是"还有半杯水"；相反，在消极、忧郁的心境下，人们看到的是"只有半杯水了"。

心情愉快是情绪健康的一个重要标志，情绪健康发展的学生拥有良好的心境和积极的情绪状态，总是以积极、欢愉、乐观向上的情绪为基调，少有消极、苦闷、忧郁、暴怒的情绪表现。

（二）情绪表现稳定适度

情绪获得健康发展的学生，其情绪表现稳定、适度，有较好的情绪控制力，对事物的情绪反应适时、适度；相反，情绪未获得健康发展的学生，其情绪往往喜怒无常、极不稳定，而且总是以消极情绪体验为基本格调，经常表现为惊恐、忧虑、烦恼和急躁等。

（三）情感体验丰富深刻

情感体验丰富、深刻的人，往往能够乐观地看待周围的事物，能激活目标和希望，在遇到人生的大风大浪时，也能保持情绪的稳定。

二、情绪的自我调节

（一）什么是情绪调节

情绪调节是个体管理和改变自己或他人情绪的过程，通过一定的策略和机制，使情绪在生理、主观体验、表情行为上发生一定的变化，具体包括以下三个方面：

1. 具体情绪的调节

具体情绪的调节包括所有正性和负性的具体情绪，例如，不但要克制愤怒、在悲伤时要转移环境，而且要克制过分高兴。

2. 唤醒水平调节

唤醒水平调节包括过高和过低两方面情绪体验。在高度紧张、兴奋时，需要降低兴奋水平，使之不影响认知；在过分淡漠、抑郁时，需要提高兴奋水平。

3. 情绪成分调节

情绪系统内的调节包括调节生理反应、主观体验和表情行为，还包括情绪强度、不稳定性、潜伏期等格调和动力上的调节。

（二）如何进行情绪调节

1. 承认压力及不良情绪存在的事实

在生活中，每个人都会感受到压力、紧张和不良情绪的存在，这是很正常的，人们完全没有必要逃避这个事实，只有面对现实、正视现实，才能超越现实。因此，承认自己不良情绪的存在，找出产生该情绪的原因，然后想办法调整它、克服它，这才是大学生应该有的态度。

2. 学习情绪放松技术

（1）肌肉放松法。找到一个放松的姿势，靠在沙发上（或椅子上），或躺在床上，尽量减少其他无关刺激，然后按照"手臂—头—躯干—腿"的顺序进行放松。

（2）想象放松法。通过想象放松自己的身心，最好在安静的环境中进行，仰卧在床上或靠在椅子上，闭上眼睛，并配合缓慢、均匀的深呼吸，然后通过指导语（默念或播放录音等）放松自己。例如：我躺在水清沙白的海滩上，上面是蓝天白云，身下是柔软的细沙，前边是湛蓝湛蓝的海水，我感到平静、温暖而舒适……海浪不停地拍打海岸，思绪随着节奏飘荡，涌上来又退下去。温暖的海风吹来又离去，带走了我心中的思绪。我感到细沙柔软、阳光温暖、海风轻缓，只有蓝天和大海笼罩我的心……我呼吸变慢，越来越深，越来越轻松……我安然躺在大自然中，非常轻松，十分自在。（静默几分钟后结束）

3. 掌握心理平衡技术

（1）回避法。尽量躲开不良情绪的刺激源，例如，我看见他就难受，那我不看他还不行吗？可谓眼不见（耳不听）心不烦。

（2）转视法。换个角度看问题，常能收到意想不到的效果。

（3）合理化法。自己找理由安慰自己，也不失为摆脱不良情绪的好方法。

（4）补偿法。人生不可能十全十美，当你在某一方面不如意而体验不良情绪时，你完全可以从其他方面的良好体验中获得补偿，也可以通过自己的努力得到别的收获，从而获得快乐情绪。正所谓失之东隅收之桑榆，这样想也这样去行动，也许就能化解自己的不良情绪了。

（5）升华法。把消极情感变成积极行为，使自己变得"伟大"起来。例如，失恋是痛苦的，但"我"应该化"悲痛"为力量投入到学习、工作中去，做出一番成绩作为对失恋的"回报"，就是一种美好的升华。

（6）宣泄法。不良情绪需要适当宣泄。对友人倾诉、喊一喊、哭一哭、发发脾气，甚至打打球等，都有助于释放情绪，减轻情绪压力，但情绪宣泄应以不伤害他人为原则。

4. 增加社会（团体）支持

有不良情绪时，请不要封闭自己，也尽量不要独处，应尽量把自己置身群体之中，可以到人多的地方走一走、参加朋友或团体的活动，更可以与友人通通电话，并适时自我表露情绪问题，相信朋友或群体会给予你需要的心理支持。

我们都知道，大学阶段是一个人的人格发展、世界观形成的关键时期。大学生面临着大学生活的适应、专业知识学习、交友恋爱、择业应职等一系列重大的人生课题，但由于大学生的身心发展尚未完全成熟，情绪的自我调节和自我控制能力不强，复杂的自身问题、人际问题和社会问题往往容易使大学生产生强烈的心理冲突，从而产生较大的心理压力，甚至产生心理障碍和心理疾病。因此，研究大学生的情绪调节方法和策略，对于帮助大学生进行不良情绪的自我调节，缓解大学生的心理压力，提高其身心健康水平，具有一定的现实意义。

作为大学生，应该学会为自己负责，每个人都有责任、有义务去爱自己，让自己的生活多一些快乐，少一些烦恼。因此，在日常的学习和生活中，大学生要有意识地管理好自己的情绪，争做自己情绪的主人。

第六章 改善大学生心理健康教育的策略与方法

第一节 大学生心理健康教育模式现状

目前，学生心理健康教育的现状并不乐观，与党中央、国务院和国家有关部委的要求存在着较大的差距，这些差距主要表现在以下四个方面：

一、对心理健康教育的重要性认识不到位

部分院校，尤其是民办职业院校，对大学生心理健康教育的重要性认识不到位，还未将大学生心理健康教育作为学校学生工作的重要组成部分纳入议事日程，领导体制与工作机制不健全。

二、心理健康教育机构和队伍建设不能满足需求

调查发现，近一半的职业院校未成立学生心理健康教育机构，超过三分之一的职业院校没有专职或兼职心理咨询人员，大部分院校基本未对班主任和辅导员进行心理健康知识培训。

三、心理健康教育活动形式单一

部分院校虽然建立了心理健康教育机构，开展了心理咨询辅导工作，但是心理健康教育活动形式单一，对学生的吸引力和针对性都不强，宣传力度也不够，没有积极组织大学生开展心理健康宣传日、宣传周、心理沙龙、心理知识竞赛等活动，更未形成教育与自我教育、课内与课外相结合的心理健康教育形势。

四、心理健康教育没有咨询地点和经费支持

目前，部分院校的大学生心理健康教育没有咨询地点和经费支持，大学生心理健康教育没有得到应有的重视。一些院校的大学生心理健康教育还处于设计、规划阶段，并未真正实施。即使一些院校已经开展了相关的教育，但由于缺乏经费保障，在实施过程中受到种种限制或很难发挥应有的作用。

因此，构建多层次、多层面、全方位的，能与大学生身心发展规律和特点相适应的规范化、机制化的心理健康教育模式，是新形势下加强和改进大学生思想政治工作的迫切需要，是维护和促进大学生心理健康、全面提高其心理素质的迫切需要。

第二节 大学生心理健康教育的基础：与思想政治教育融合

心理健康教育在中国属于新生事物，大学生心理健康教育作为一种育人手段，在我国只有几十年的历史。在 20 世纪 80 年代，大学生心理健康教育在中国起步时，并没有人意识到心理健康教育与思想政治教育有关联，因为西方的心理健康教育强调价值中立，心理健康教育与政治完全是互不相干的两个领域。20 世纪 90 年代，有人提出心理健康教育应该成为思想政治教育的一部分，引起了激烈的争论。然而，在心理健康教育的实践中，人们逐渐认识到两者本质是一样的，最终目标也是一致的，两者开始融合、

整合。目前的状况是,心理健康教育与思想政治教育的关系逐渐理顺,共同为学生教育发挥着独特的作用,形成了鲜明的中国特色。

一、学生思想政治教育与心理健康教育相辅相成

学生思想政治教育不能离开学生健康的心理状态。一个大学生如果没有良好的人格形态作为内在的心理依据,没有知、情、意的协调发展,外在观念灌输就很难内化为大学生自身的价值信念和道德品行。大学生心理健康教育通过优化大学生的心理品质,调动大学生积极的情感因素,促进其道德品质的形成与价值观念的内化,增强德育的可接受性和实效性,影响和制约德育的效果。因此,心理健康教育既可以为有效实施思想政治教育提供心理条件,又是大学生思想政治教育目标和内容的合理扩展和延伸。

心理健康教育不能抛开大学生形成良好思想道德素质和正确"三观"的要求。大学生思想政治教育的最终目的是通过提高大学生的思想道德素质,帮助他们树立正确的世界观、价值观和人生观,这决定着他们做人的根本方向和在社会中的精神根基及社会价值;而心理健康教育的最终目标是发展大学生的健全的人格,具有远大理想和高尚追求的大学生往往较其他同学更具备正确的自我认知和较强的辨别能力,会以顽强的毅力和积极的态度自觉地调适自己的心理状态、自觉地培养健全的人格。如果一个大学生没有良好的道德品质,没有伟大的理想抱负,没有爱国的拳拳之心和服务他人的意识,就很难说他是一个人格健全的人。从这一点来讲,心理健康教育应该建立在思想政治教育的大目标上,才能有效地促进大学生的心理健康。

思想与心理的形成过程具有统一性。心理是人脑的机能,是客观事物在人脑中的主观反映。思想有着相同的本质,是客观存在反映在人的头脑中,经过思维加工而产生的。思想对心理起决定作用,支配心理活动的方向;心理对思想有反作用,思想的发展变化受心理因素的影响和制约。思想与心理的密切联系决定了大学生思想政治教育与心理健康教育具有内在的、深层次的一致性。因此,只有建立在符合心理规律基础上的思想政治教育,才能深入人心;而心理健康教育只有建立在思想政治教育的大目标上,才能真正成为促进人格完善的手段、途径和方法。

二、重视思想教育，加快与心理健康教育的融合

思想政治教育与心理健康教育在宏观方面的一致性，决定了两者在微观层面是可以相互借鉴、有机结合的。近年来，广大思想政治教育与心理健康教育工作者做了大量的探索和实践，取得了可喜的成就，使得心理健康教育这一全新的育人手段展现出强大的活力。

（一）实施体制融合

经过几十年的发展和完善，我国大学生思想政治教育已经有较为健全的体制，上层有学校党委，中层有学生工作处、校团委和宣传部，基层有各系部党支部和团支部，这套体制保证了学校思想政治工作的有效开展。在大学生心理健康教育发展初期，不少人主张大学生心理健康教育应该完全游离于思想政治教育之外，走一条独自发展的道路。然而，两者之间的内在一致性使得大学生心理健康教育在事实上与思想政治教育发生着千丝万缕的联系。多年的理论研究和实践探索表明，心理健康教育工作完全可以在已有的思想政治教育体制下良性运行。

2003 年，我国教育部颁布了《普通高等学校大学生心理健康教育工作实施纲要（试行）》，指出："各高等学校要成立大学生心理健康教育工作领导小组，由主管学生德育工作的党委副书记或副校长任组长，并明确职能部门具体负责协调和组织全校心理健康教育的教学、科研以及辅导或咨询工作。"按照教育部的要求，每所大学生都要成立大学生心理健康教育工作领导小组，小组包含的职能部门可以有很多，如学生工作处、团委、宣传部、教务处、校医院和各院系分团委等，各高校可根据本校的实际情况合理组合，并不一定要有统一的形式。这种体制完全建立在学校已有资源的基础上，调动学校各方面的力量，共同推动大学生心理健康教育的本土化。

（二）工作人员融合

心理健康教育是一项育心工作，工作人员必须具备较高的思想素质和业务水平，才能达到教育目的，但这并不意味着心理健康教育是一项高不可攀、只有少数人才能从事的工作。在我国的大学生心理健康教育工作开展初期，大学生心理健康教育工作者很少，远远不能满足学生的需求，一些思想政治教育工作者尝试开展心理健康教育工作，此时

出现了反对意见，认为思想政治教育工作者不合适做心理健康教育工作，但经过不断学习和摸索，许多思想政治教育工作者出色地开展了心理健康教育工作，受到了学生们的欢迎。

事实上，思想政治教育工作者有着丰富的学生工作经验，更容易理解和掌握心理健康教育的理论基础和实践方法。近年来，经过各级教育主管部门有计划、有组织的系统培训，已有大批的思想政治教育工作者成功转型，加入到心理健康教育队伍中，成为大学生心理健康教育队伍的重要组成部分，解决了心理健康教育工作人员缺乏的问题，特别是辅导员，他们以独特的优势出色地开展着大学生心理健康教育工作，深受学生们的欢迎。

（三）理念方法融合

一些大学生思想政治教育工作者常常感到处于被动局面，工作成效不高，其根本原因是教育观念偏于功利化，忽视人存在的意义和价值，在指导思想上较多地考虑满足社会的需要，而忽视了满足人的发展的需要，受教育者的主体性容易被忽视，即对大学生思想政治工作的特殊要求和特殊环境不能科学地解剖与分析，而是停留在一般认识和理解上，滋长了教条主义思想和形式主义。一些大学生心理健康教育工作者在工作中常常出现困惑：一些心理测试结果很正常的学生，却表现得极端自我、漠视他人和社会，对其反复引导后也没有改善。究其原因，在于其受到西方心理咨询观念的影响，过于强调教育过程中的"价值中立"，认为心理问题与人的价值观无关。其实，每个人的行为背后都有着自身的价值体系，如果价值体系出现了偏差，那么仅仅纠正心理和行为是不会取得较好效果的。

大学生思想政治教育和心理健康教育在理念、方法方面相互借鉴，有助于提高二者的实效性。思想政治教育工作者应更新观念，充分尊重学生在品德形成中的主体地位，少一点说教和灌输，多讲述一些心理健康教育理念，为有效实施思想政治教育提供良好的心理背景。一方面，思想政治教育工作者可以从心理健康教育中移植一些方法，作为思想政治教育工作开展的新途径，来提高思想政治工作的成效。例如，思想政治教育工作者运用心理学的原理、方法和技术来改变学生心理与行为的知识，借助心理测验及其他测评工具来客观地了解学生的个性状况、长处、不足及发展趋势，使思想政治教育更有针对性；也可以采用会谈、角色扮演、沟通分析等心理辅导中常用的方法服务于思想政治教育，以减少思想工作的阻力，从而为学生接受教育影响、实现道德内化提供方法上的支持。另一方面，心理健康教育应依靠思想政治教育为自己导引方向，并借助思想政治教育实践拓展自身的操作途径。心理健康教育要有思想政治教育的视野和思想方法，积极、主动地在心理健康教育实践中渗透正确的世界观、人生观和价值观，为促进大学生的心理健康发展打下坚实的基础。

大学生心理健康教育与思想政治教育的融合，是大学生心理健康教育本土化的成功体现。在此经验的基础上，进一步探索正确认识和处理大学生心理健康教育与中国高等教育改革、大学生心理健康教育与中国传统文化的关系，将会使中国大学生的心理健康教育实现真正意义上的本土化，也能为全民心理健康教育的本土化提供有价值的样本。

第三节 大学生心理健康教育模式改革策略

大学生心理健康，无论是作为一项教育事业，还是作为一个科研领域，都具有无限发展的性质，永远不会停止在一个水平上。随着国际国内客观环境的变化，思想观念的改变，以及东西方各种形态民族文化的大碰撞、大融合、大发展，大学生的思想意识、价值观念及其心理健康状况必定是动态变化着的。引起变化的原因是多方面的，既有宏观因素的影响，又有微观因素的影响；既有主观因素的影响，又有客观因素的影响；既有积极的因素，又有消极的因素，因而必定会有许多新的问题、热点问题需要我们去探索、去研究、去解决。

一、心理健康教育模式改革策略

（一）强化理念的先进性

只有教育理念先进，才能指导大学生的心理健康教育。因此，借鉴国外和我国港澳台地区先进的大学生心理健康教育理念，结合工作实际，形成适合当代大学生心理健康教育的新理念，是当前开展大学生心理健康教育十分重要的任务。

（二）加大教材建设及教法研究力度

目前，我国大学生心理健康教育方面的教材尚不够完善，相关的教育工作者需要认真总结大学生心理健康教育教学的实践经验，按照新的要求、新的思路和新的标准来修订教材，做到图文并茂，既具有理论指导，又有实际案例，能适应现实的心理健康教育。同时，要加大对大学生心理健康教育的教法研究力度，做到全面、系统，且能因材施教。

（三）规范队伍建设

鉴于心理健康教育教师队伍和辅导员队伍仅有相对的稳定性，就总体而言，始终处于吐故纳新、新老交替的动态变化之中，因而对这两支队伍的培训工作不能是一劳永逸的，需要进一步从机制化、规范化和制度化方面加以巩固和提高。

（四）建立健康教育模式运行机制

高校等相关教育部门，要根据大学生心理特点的特殊性来制订心理健康教育教学计划，设置合理的课时。在授课过程中，要将学生生活中发生的事件作为案例来讲解、剖析，注重理论与实践相结合，调动学生的学习兴趣，加深学生对心理健康知识的理解。让学生在情境中体验、在活动中领悟心理健康教育的意义，注重培养学生积极、健康的心态，进而提高心理健康教育的教学效果。

心理健康教育包括发展性教育和补救性教育。发展性教育主要是有目的、有计划地对学生的心理素质与心理健康进行培养，使学生的心理品质不断优化。补救性教育主要是对心理处于不良状态或心理出现问题的学生进行专门的帮助，使之恢复到正常状态。这两种教育是不同层次的，发展性教育面对的是正常发展的学生，是提高性的；而补救性教育面对的主要是心理方面出现不同程度问题的学生，是矫正性的。

对于大学生心理健康教育模式的各个组成部分及其运行机制，尚需建立必要的规章制度，使其更加巩固、更加规范，进而保障大学生拥有健康的心理状态。

（五）制定全员参与机制

大学生心理健康教育不是孤立存在的，而是一项多角度、全方位的系统工程，需要各院校相互配合，深入研究。特别是促进大学生健康的、科学的心理高层结构即"三观"的形成，仅靠政工人员，包括德育工作者和心理健康教育工作者的努力是不够的，必须有广大教师的积极参与，制定全员参与机制，才能发挥心理健康教育的最大功效。目前，这方面的研究试点工作亟待深入。

（六）加强高校间的研究与合作，促进大学生心理健康整体水平的提高

大学生心理健康教育有其自身的特点，有许多共性的东西需要研究与探索，这就要求各高校间加强交流与合作，积极营造研究的氛围，整体推进大学生心理健康教育，以促进大学生心理健康整体水平的提高。

二、促进学生心理健康教育的方式

（一）充分利用一切资源宣传大学生心理健康知识

近年来，由于大学生面临的心理压力过大，导致出现校园暴力、酗酒、赌博等不良行为逐渐增多，加强大学生心理健康教育刻不容缓。虽说目前很多人逐渐意识到心理健康对于个人全面发展的重要意义，但绝大多数人对于如何减轻心理压力、释放不良情绪等心理健康知识知之甚少，尤其是大学生。因此，我们在对大学生进行心理健康教育时，应充分利用一切资源大力宣传心理健康知识。

1. 校园网络

高校可利用校园网络，专门开设学生心理问题咨询网页。对于网页的内容，可以按照心理问题类型进行板块设置，如学业问题、情感问题、就业问题和人际交往问题等，每个板块都安排专业的心理咨询人员在线对学生进行辅导和解答，通过网络形式宣传心理健康知识，可以在一定程度上促进大学生的心理健康。

2. 专家讲座

学校可以定期邀请心理专家给大学生开展心理讲座，宣传心理健康知识及如何进行自我心理调节等。通过这种方式，让大学生尽可能多地了解自己是否存在心理问题，并积极通过咨询、自我调节等措施减轻心理负担。

（二）发挥课堂教学在心理健康教育中的重要作用

课堂是对大学生进行心理健康教育的主要阵地，只有在教学中充分地向学生传授心理健康知识，并通过教师和相关部门的实际行动来改善大学生的心理状况，才能够真正

促进大学生心理健康发展。

1. 将心理健康教育与思想政治教育相结合

在教学上，教师应将心理健康教育与思想政治教育结合起来，充分发挥二者的优势。一方面，应在心理健康教育过程中融入思想政治内容，有针对性地对大学生进行世界观、人生观和价值观教育，帮助大学生树立积极向上的人生态度，为其拥有良好的心理素质打下坚实的基础。另一方面，在进行思想政治课授课时，教师应避免单纯地、枯燥地讲解政治知识，应提高思想政治教育的趣味性，将心理咨询与心理辅导融入教学中，使学生乐于学习、善于学习。

2. 教学内容应贴近学生实际，有针对性地开展辅导

心理健康教育的内容应贴近学生的实际心理状况，了解学生的心理困扰，有针对性地对学生进行心理知识讲解和心理辅导。社会大环境的多元化及学生面临心理问题的复杂性，要求教师根据学生的实际情况不断调整教学内容，尊重学生的个体差异，提高心理教育的实际效用，真正做到促进大学生心理健康发展。

3. 改革教学评价机制，提高教学的有效性

目前，很多高校将心理健康教育课作为一门选修课来安排，其评价方式往往是写一篇小论文即可，评价方式过于随意，这直接导致大学生在学习过程中出现应付的情况。因此，在今后的心理健康教育中，应逐步改革评价机制，对心理健康课的考核应采取多种方式相结合的方法，侧重考查学生应用心理健康知识分析并解决具体问题的能力，因此不应将识记性基础知识作为考核的重点。只有这样，才能不断加强教师和学生对心理健康教育的重视程度，真正发挥心理健康教育促进大学生心理健康成长的作用。

第四节 大学生心理健康教育的咨询模式

学校心理咨询是指学校心理咨询教师运用心理学的原理与方法，对在校学生的学习、适应、发展和择业等问题给予直接或间接的指导和帮助，并对心理障碍或轻微精神

疾病进行诊断、矫治的过程。学校心理咨询是当前学校对在校学生进行心理教育和引导的普遍方式和手段。

学校心理咨询的直接目标是提高全体学生的心理素质，最终目标是促进学生人格的健全发展。学校心理咨询是帮助学生开发自身潜能、促进其成长和发展的自我教育活动；以积极的人的发展观为理念，以学生的成长和发展为中心，以"他助—互助—自助"为机制。学校心理咨询是以咨询心理学为主的多学科综合的教育方法，它不是一种指示性的说教，是耐心细致聆听和诱导；不是一种替代方法，而是一种协助与服务。

一、心理咨询的意义

第一，心理咨询是解决学生心理问题、预防和治疗心理疾病的有效途径。大学阶段是一个人生长和发展的重要阶段，就个体发展而言，此时学生正处于由青年期向成年期转变的过程中，个体正逐步走向成熟、走向独立，尚未真正成熟与独立。并且，此时学生的世界观和人生观尚未成熟，心理和情绪波动较大，面对生活、环境、人生、理想和现实等种种问题，许多学生因为苦无良策或处理不当而陷入痛苦、焦虑、失望和困惑之中，有的甚至出现过激或异常的言行。心理问题和心理疾病已成为困扰学生学习和生活的大问题，如果不能得到及时解决，就会严重影响学生的人格成长和身体健康。

第二，心理咨询是提高学生心理素质的重要手段。现在，国外的许多企业在招聘职员时，要经过专门的心理测试，以选拔较有潜力的工作人员；运动员在参加重大体育比赛之前，要由心理医生对其进行特殊的训练，帮助他们消除心理紧张，树立战胜对手的信心；政治家为了在竞选中获胜，也请心理咨询专家帮助他们调整心理状态，树立良好的形象。由此可见，心理咨询除了治疗心理疾病以外，还有一个更为重要的作用，即能帮助人们提高心理素质，促进心理潜能的发挥。

大学生的人生经历多数是从学校到学校，没有经历过社会的大风大浪，也没有遇到过重大的挫折和打击，其生活可谓一帆风顺。因此，他们的心理素质相对较低，挫折耐受性相对较差，对自身的认识和了解也相对较浅。高校心理健康咨询不应仅限于解决学生的心理问题、治疗学生的心理疾病这一层面上，而应主动地对学生进行心理学、心理卫生和心理健康等有关知识的传授，加强对学生心理素质的训练，使他们了解心理活动的一般规律和特点，懂得心理健康对自身成长的意义，更多地理解自我与他人、自我与社会的关系，学会运用心理学的方法进行自我调节，保持心理平衡，提高心理素质，增进心理健康，更多地了解自己适合干什么，能够干什么，如何促进个人潜能发挥等。只有这样，心理咨询才能发挥它应有的作用。

现代社会，人们越来越重视素质教育，对人们的素质要求也越来越高。但是，由于过去我们只注重学生身体素质、思想素质和智力素质的培养，忽视了他们心理素质的提高，这就像一只木桶，它容量的大小取决于木桶最低的那一块木板的长度，学生个人的潜能能否充分发挥，关键在于心理素质块板是否得到充分重视。因此，高校心理咨询一个更为重要的功能是帮助学生提高心理素质、挖掘心理潜能，以利于他们的能力得到充分发挥。

第三，心理咨询是新时期高校德育教育的新任务、新内容和新途径。学生的心理问题很多时候是与思想问题交织在一起的，要从根本上解决这些心理问题，就必须让学生接受科学的人生观、价值观和道德观指导。从高校心理咨询工作者自身来看，咨询教师的人生观、价值观和道德观会对来访者起到示范和潜移默化影响的作用。心理咨询作为一门独立的学科，它在解决学生心理问题、预防和治疗学生心理疾病、优化学生心理素质和挖掘学生心理潜能等方面，有着其他学科无法替代的作用。

二、学生心理咨询的特点

大学生是一个特殊的社会群体，他们不同于中小学生与社会上的成年人。在生活环境方面，绝大多数大学生是第一次离开家庭和父母来到大学校园，居住在宿舍里，过着集体生活。在身心发育方面，大学生又处于青春发育后期，各种心理矛盾、冲突激烈，正处于迅速走向成熟而又未真正成熟的发展阶段。因此，在接受心理教育和寻求心理咨询时，也表现出与中小学生或社会上的成年人不同的心理倾向，大学生心理咨询主要有以下四种特点：

（一）有心理障碍时，可能自己认识不到，即使知道存在心理障碍也不寻求帮助

由于心理咨询工作在我国开展的时间并不长，多数大学生对心理咨询的意义认识不太清晰，甚至产生错误的认识，认为自己的心理十分健康、没有疾病，不需要进行心理

咨询。他们没有意识到心理障碍在每个人身上、每个活动领域都可能出现，不知道考试焦虑、人际关系不协调造成的烦恼，以及青春期的躁动等都是心理困扰，都可以通过心理咨询获得帮助与指导。而有些大学生知道自己存在心理障碍，但出于自我保护的考虑，也不会主动寻求心理咨询和指导。因此，绝大多数大学生认为学校开展的心理咨询活动离自己十分遥远，对心理咨询活动的态度不积极，参与感较弱。

（二）希望获得他人的帮助，愿意与人沟通，但不知道如何面对心理咨询

由于一些大学生的社会交往需要较为强烈，所以很希望通过咨询活动与人沟通、解开心结，但又因其社会化过程尚未完成，实际交往能力受到很大限制，加上自尊心较强，不愿暴露隐私，因此不知如何面对心理咨询，也不知道怎样进行心理咨询。例如，会有一些学生来到学校的心理咨询室，但却闪烁其词、不知所云，也不正面回答咨询教师的问题，顾左右而言他。咨询教师若不能深入细致了解、步步引导、缩小与学生的心理距离，便很难了解学生的真实想法和咨询目的，不仅会使教师的咨询活动劳而无功，还可能加剧学生心理上的孤独感。

（三）希望参加心理咨询活动，又难以承受群体的压力和同学的讥笑

大学生生活在特定的集体环境中，喜欢结伴而行，因此其行为常带有明显的从众性。当大学生们所在的群体，甚至整个社会，对心理咨询的认识尚不明确、对其看法尚有偏见时，有咨询需求的学生前来咨询就必须背负一定的群体压力。一些人会认为"进行心理咨询是精神不正常的人才需要做的"，这种议论形成了一种社会氛围，常常会影响进行心理咨询的学生的心态和行为，使得希望进行心理咨询的学生顾虑重重，认为进行心理咨询是件不光彩的事，就意味着承认自己的精神不正常，所以这些学生既想参加心理咨询，而又怕同学知道和讥笑。有的来访者行为隐蔽、躲躲闪闪，有的来访者希望咨询室设在较隐蔽的地方，且在与咨询教师谈话时也常常有所保留。

（四）有一定的心理调节能力，但更希望得到咨询教师的帮助和指导

根据心理咨询的自助性原则，咨询应该是以启发、促进前来咨询人员的自助能力，使其自己找到最佳解决问题方案和最优发展之路为目的的，一般不主张给咨询者以明确的指示和结论。但大学生心理咨询却不一定如此。由于受到大学生自身发展水平的限制，他们虽然已经具备了一定的心理调节能力，但完全自助、完全靠自己的力量走出心理阴

影还有一定的距离，所以每一个来访学生对与之交谈的咨询教师抱有很大期望，谈话要求也十分具体。如果咨询教师把握不好分寸，或没有达到来访学生的要求，学生就可能对心理咨询产生看法，动摇其对心理咨询的信心和对咨询教师的信任感。

在心理咨询的过程中，高校心理咨询教师要针对大学生所处的环境特点、身心发育特点及咨询心态特点，找到合适的心理咨询辅导方式，才能使心理咨询活动为大学生所理解和接受，真正发挥其应有的作用。

三、目前，大学生心理咨询存在的误区

（一）心理咨询教师=救世主

一些大学生来访者把高校心理咨询教师当作救世主，将自己的所有心理包袱都丢给咨询教师，认为咨询教师应该能把它们一一解开，而自己无须思考、无须努力、无须承担责任。然而，心理咨询与心理咨询教师只能起到引导、启发、支持、促进来访者改变行为和人格成长的作用，他无权把自己的价值观和愿望强加给来访者，更不能替来访者改变或作决定。其实，真正的救世主只有一个，那就是自己。只有改变自己、战胜自己，最终才能超越自己，达到理想目标。

（二）心理咨询=思想工作

心理咨询作为医学中的一门学科，有着严谨的理论基础和诊疗程序，它与思想工作是有本质区别的。思想工作的目的是说服对方服从并遵循社会规范、道德标准及集体意志，而心理咨询则是运用专门的理论和技巧寻找心理障碍的症结，予以诊断和治疗。高校的心理咨询教师持客观、中立的态度，不会对来访者进行批评教育。另外，某些心理障碍同时具有神经生化改变的基础，需要结合药物治疗，这更是思想工作所不能取代的。

（三）心理问题=精神疾病

心理咨询在我国是一门起步较晚的新兴学科，它对人们来说有一种神秘感。来访者通常都是左顾右盼、鼓足了勇气才走进诊室，在心理咨询师的反复保证下，才肯倾吐愁苦；有的来访者绕了很大的圈子，才把真实的情绪暴露出来。因为在许多人眼里，进行心理咨询的人是不正常的，要么患有精神疾病，要么有见不得人的隐私，要么在道德品

质方面有问题。以上种种原因，使得一些存在心理问题的人宁愿饱受精神上的折磨，也不愿或不敢进行心理咨询。

其实，心理问题与精神疾病是两个不同的概念。每个人在成长的不同阶段，都可能遇到这样或那样的问题，出现消极情绪。对这些问题如能采取适当的方法和措施，问题就能顺利解决；若不能及时、正确处理，则会产生持续的不良影响，甚至导致心理障碍。心理问题是日常生活中经常会遇到的，就这些问题进行心理咨询，并不意味着不正常或者有见不得人的隐私，相反，这表明了个体具有较高的生活目标，希望通过心理咨询完善自己，而不是回避和否认问题。

（四）心理学=窥视内心

许多进行心理咨询的大学生不愿意吐露或者羞于吐露自己的心理活动，认为只要简单说几句话，学校的咨询教师就应该能猜出他的想法，要不就表明咨询教师的能力不高。其实，心理咨询教师也是人，他们没有窥视他人内心的特异功能，他们只是运用心理学的理论和方法对大学生提供的信息进行讨论和分析。因此，进行心理咨询的大学生需提供详尽的情况，才能使得咨访双方找到问题的症结所在，有利于心理咨询教师作出正确的诊断，并进行恰当的咨询辅导。

（五）心理咨询=无所不能

一些大学生将高校心理咨询教师视为开锁匠，期盼其能打开自己所有的心结，所以常常在咨询一两次后发现自己没有达到豁然开朗的心境，就大失所望。实际上，心理咨询是一个连续的、艰难的改变过程。大学生的心理问题与自己的个性及生活经历有关，就像一座冰山堆积已久一样，如果没有强烈的求助与改变动机，没有恒久的决心与抗衡，是难以消冰融雪的。因此，进行心理咨询的大学生要做好打持久战的心理准备。

心理咨询是心理障碍预防和治疗的一种措施，是心理教育的重要组成方面。通过咨询人员与来询者持续的、直接的接触，可以帮助来询者在认识、情感和态度方面有所改善，解决其在学习、工作、生活、疾病和康复等方面出现的心理问题，从而更好地适应环境，保持身心健康。高校应建立心理咨询机构，配备受过专业训练的心理咨询教师，可以针对不同大学生进行个别咨询，也可以根据大学生们情绪和表现的一致性开展团体咨询。实践证明，这是很有效果的一种心理教育方式，也是很受大学生欢迎的一种教育方式。只有不断提高心理咨询服务的质量，才能进一步加强大学生心理健康教育。

第五节 对大学生心理健康教育档案的运用

建立大学生心理健康教育档案，是加强高校心理健康教育工作、实现教育现代化的前提条件和必要保障。它有助于确立具体的、有针对性的高校心理健康教育目标、内容、方法和途径，有助于高校心理健康教育的诊断、分析和评估；它可以为高校心理健康教育工作提供操作指南，是大学生的身心健康发展动态监测手段，可以提高教师教育决策和科学研究水平，可以为高校的宏观管理提供决策依据。大学生心理健康教育档案的建立，是一项具有很强科学性、专业性和技术性的工作。心理健康教育工作者只有在了解大学生心理健康教育档案的含义，掌握其建立原则、一般程序及使用与管理要求的基础上，才能建立起科学的、适用的心理健康教育档案，才能正确使用与管理好心理健康教育档案。

一、大学生心理健康教育档案的概念

大学生心理健康教育档案有广义和狭义之分。狭义的大学生心理健康教育档案，是指对个体心理发展变化特点、心理测验结果、高校心理咨询与辅导记录等材料的集中保存。这些材料按照一定的程序排列，组成一个有内在联系的体系，如实反映大学生的心理面貌。它是高校为了更好地开展心理健康教育工作，在心理健康方面为每个大学生建立起来的档案材料。而广义的大学生心理健康教育档案，除了包含大学生心理健康方面的档案材料外，还包括高校心理健康教育活动的有关资料，例如高校心理健康教育计划、课程开设、活动安排、教研活动、研究课题及成果、效果评估和管理工作记录等。理解狭义的大学生心理健康教育档案，要把握以下四点：

第一，大学生心理健康教育档案是专门的档案，是在学校的心理辅导教师负责下建立起来的。大学生心理健康档案应由专门的教师负责管理，高校对其有健全的管理制度。如果没有专业教师的参与，大学生心理健康教育档案的建立可能会失去科学性、客观性、全面性和实用性。

第二，大学生心理健康教育档案是有关大学生心理变化特点及咨询、辅导的记录，而不是指学籍档案。大学生的学业成绩、体能测试、教师对学生的操行评语、奖惩记录等都是学籍档案，它的内容是可公开的。而心理健康档案更具隐私性，主要是为心理健康教育工作服务的，除经本人同意和特殊情况外，教师、家长等都不能随意查阅大学生的心理健康教育档案，因此对它的管理应更加严格和规范。

第三，大学生心理健康教育档案是大学生心理变化特点的真实记录。一个人从幼儿期、儿童期到青少年时期，每个时期都有不同的心理特点及心理冲突，任何人都不能依据自己的观点去增加或删改大学生心理健康教育档案的内容，应保持大学生心理健康教育档案的原始性和真实性。

第四，大学生心理健康教育档案建立的根本目的是更好地教育和培养大学生，促进大学生心理的健康发展。

二、建立大学生心理健康教育档案的意义

大学生心理健康教育档案既是高校心理健康教育工作开展的必要依据，又是大学生接受心理健康教育后的原始记录，对于高校教育科学化具有十分重要的意义。具体来说，建立大学生心理健康教育档案的意义有以下四点：

（一）为高校的科学管理提供心理学依据

高校通过建立大学生心理健康教育档案，能及时、准确地掌握和了解全校学生的心理发展规律、特点及现状，从而为高校的科学管理提供心理学依据。建立大学生心理健康教育档案，可以为高校的分班教学、个性化教学提供前提条件；可以通过大学生心理健康教育档案所反映出来的学生兴趣爱好信息，为丰富学生的课外活动、满足学生的正当心理需求提供决策依据；可以为整体评价一所高校的教育水平提供科学的评估系统。

（二）利于教师完善教学工作，提高教学质量

教师要了解学生、分析学生、帮助和教育学生，就必须掌握大学生心理发展的规律。建立大学生心理健康教育档案，可以帮助教师了解学生的个性，使教师在教育教学工作

中有的放矢，减少盲目性，提高针对性，从而提高教学质量。如果高校教育工作缺少对学生心理素质的培养，则是不完全的教育。而建立大学生心理健康教育档案，为心理健康教育提供了依据和信息，也缩短了教师了解学生的周期，有助于提高心理健康教育的工作效率。

（三）有助于保障高校心理健康教育工作的开展

通过大学生心理健康教育档案的建立，教师可以及时了解大学生的心理发展状况，利于教师对大学生存在的心理问题进行正确分析和诊断，进而采取有效的措施对其进行心理辅导、心理咨询和心理治疗，有效地帮助大学生，保证高校心理健康教育工作的正常开展。

（四）促进教师教育教学质量及高校科学研究水平的提高

教师要提高教育教学质量，必须了解学生个体间的心理差异，大学生心理健康教育档案的建立，有助于教师更好地贯彻因材施教原则。建立大学生心理健康教育档案，能直接为教师科学地管理和教育学生提供依据，使教师在教育工作中有的放矢，进而提高教育教学质量。

大学生心理健康教育档案的建立，还有助于教师加强对大学生心理的研究，提高科学研究水平。心理健康教育档案自身具有很大的研究价值，主要表现在两个方面：一是为高校的心理健康教育研究提供资料，二是为更广泛的教育科学研究提供资料。

三、建立大学生心理健康教育档案的原则

我国学者刘华山提出了搜集大学生心理辅导资料、建立大学生心理健康教育档案的三条原则，即客观性原则、系统性原则和多样化原则；吴增强提出了建立大学生心理健康教育档案的两条原则，即客观性原则和适用性原则；陈雪枫等提出了建立大学生心理健康教育档案的六条原则，即科学性原则、系统性原则、发展性原则、保密性原则、教育性原则和最佳经济原则。我们根据长期的实践研究，综合了多位学者的观点，总结出建立大学生心理健康教育档案的原则为以下六条：

（一）科学性原则

科学性原则即实事求是原则，是指在大学生心理健康教育档案建立过程中要尊重大学生的客观心理事实，要有科学的、严肃的态度。首先，在测评工具的选择上要有科学性，要选择标准化的心理测验，并且要有较高的信度和效度。其次，在对大学生的心理健康状况进行测试时，必须遵循严格的操作程序。最后，要对大学生心理健康教育档案建立过程中所获得的结果或信息实事求是地描述，要以科学的、慎重的态度来解释这个结果或信息，并结合大学生的现实表现进行分析和归纳。

（二）系统性原则

系统性原则即整体性原则，系统地、多方面地搜集大学生的各种信息，对大学生的心理状况进行全面检查和系统分析，以便从整体上把握大学生的心理特征。由于大学生对某一刺激的反映要受时间、环境和主体状况等多种因素的影响和制约，因此在建立大学生心理健康教育档案时，必须坚持系统性原则。

（三）发展性原则

发展性原则即动态性原则，是指心理健康教育工作者要以发展变化的观点看待学生，以积极的态度指导和帮助学生，把心理健康教育档案建设成为一个动态的档案。由于大学生的身体发育和心理发展尚未成熟，正处在迅速成长时期，随着大学生心理的发展，原来所了解的学生的心理状况已不能准确地反映现时的心理特点，因此在建立大学生心理健康教育档案过程中，要坚持发展性原则。

（四）保密性原则

保密性原则是指心理健康教育工作者要对大学生心理健康教育档案的内容做到绝对保密，不得随意将心理健康教育档案的内容告知他人，这也是建档工作的道德性准则。这是由于心理健康教育档案中的有些内容涉及学生（或家长）的隐私问题，有些带有心理暗示效应，有些涉及人际关系，有些是学生心理问题或心理障碍的记录，这些内容一旦公开，就可能会伤害学生的自尊心。因此，只要是学生不愿意公开的、不利于学生心理健康发展的，以及违反心理咨询工作原则的心理健康教育档案内容必须严格保密。当然，大学生心理健康教育档案内容的保密也应有层次性，对于有些心理健康教育档案内容就没有必要进行严格的保密，如学生的学习兴趣、学习动机和学习习惯等。

（五）教育性原则

教育性原则是指在建立大学生心理健康教育档案时，要有利于提高学校的教育质量、教学水平和管理水平，有利于大学生心理的健康发展，有效地为实现学校的教育目标服务。为此，应把建立大学生心理健康教育档案看作教书育人整个系统工程中的一个重要环节，要从教育和预防的角度去开展这项工作，不能用大学生心理健康教育档案中的材料来给学生贴标签、戴帽子，要把提高学生素质、培养合格人才作为建立大学生心理健康教育档案工作的出发点和归宿。

（六）经济性原则

经济性原则即最佳经济原则，是指在建立大学生心理健康教育档案的过程中，力求以最少的人力、物力、财力和最短的时间，获得较好的效果。简言之，就是要以最少的投入建立起高质量的、适用的大学生心理健康教育档案。

四、大学生心理健康教育档案的管理

高校必须加强大学生心理健康教育档案管理工作，才能更好地发挥其应有的作用。在大学生心理健康教育档案管理的过程中，要注意做好以下三点工作：

第一，应设立学校心理健康教育室，专门负责心理健康教育档案的建立、使用和管理工作。

第二，应建立、健全大学生心理健康教育档案管理制度，明确心理健康教育工作者的职责。心理健康教育工作者不能将大学生心理健康教育档案随意外借，要做到不泄密。

第三，应建立大学生心理健康教育档案计算机管理系统，提高心理健康教育档案的现代化管理水平。

应使用计算机处理心理健康教育档案材料，建立大学生心理健康教育档案管理系统，实现心理健康教育档案管理的信息化。这不仅可以提高工作效率，而且能够保证资料管理和分析的规范与准确，减少差错；在做好保密工作的前提下，研究人员还可以从多种角度迅速获取相关资料，为心理健康教育工作研究提供有价值的信息。

第七章 大学生心理健康教育教学模式改革

第一节 大学生心理健康教育课的发展及其存在的问题

一、大学生心理健康教育课的发展

从 20 世纪 90 年代起，我国开始重视大学生的心理健康教育工作，许多专家、学者围绕这一课题开展了系列研究，提出了许多实施方法，教育工作者也在对大学生进行心理健康教育的方法上做了有益尝试。我国的大学生心理健康教育经历了一个由认知到重视再到加强的过程。1995 年，国家教育委员会在《中国普通高等学校德育大纲》中提出将心理健康教育作为德育的一个内容；2001 年和 2002 年，教育部印发了《关于加强普通高等学校大学生心理健康教育工作的意见》和《普通高等学校大学生心理健康教育工作实施纲要（试行）》，进一步加强对全国普通高等学校大学生心理健康教育工作的领导和指导，明确提出开展大学生心理健康教育的内容、途径和方法。此后，全国各高校的大学生心理健康教育工作如火如荼地开展起来，涌现出一大批成果，包括师资队伍、课程开发、配套设施和实施方法等，都取得了较大的进步。大学生心理健康教育课作为大学生心理健康教育的重要载体，迅速推广开来。

大学生心理健康教育的根本目标是提高大学生的心理素质，培养适应社会、身心健康发展的人。纵观目前的大学生心理健康教育课，存在学科化和知识化的倾向。心理健康教育偏向心理学知识的传授，会加重学生的学业负担，有悖于素质教育的基本精神，不利于心理健康教育的实践性和实效性体现，并且心理健康教育有许多是非知识性的内容，需要学生通过活动、实践等亲身体验才能获得。同时，单纯的心理学知识和理论传授也不会提高大学生的心理素质或心理健康水平，有悖于心理健康教育的根本出发点，大学生仅靠记忆掌握的心理学概念或理论，是不能直接内化为心理素质的。

如何有效地上好大学生心理健康教育课，成为摆在广大教育工作者面前的一道难题。

二、当前大学生心理健康教育课存在的问题

（一）教学理念、教育观念滞后

传统的大学生心理健康教育课的教学理念是以教师为核心。其教学过程主要强调的是教，教师把握着主动权，学生处于被动听课的学习状态；以教师在课堂内外组织心理健康教育课实践活动为实践主体，学生处于被动的、外部刺激下的参与状态。它的优点是有利于教师按部就班地完成学校规定的教学任务，并且做到了心理健康教育的通识性和普及性；它的缺点则是教学活动完全由教师主导，忽视了心理健康教育的目的并不是简单的理论知识普及，而是通过大学生发挥主观能动性，自主了解心理健康知识，并内化为心理保健意识、外化为自我调适。

当前，部分高校的心理健康教育课仍采用以知识传递为核心的输入式教学模式。这种传统的教育观念是建立在认知主义主张的身心"二元论"基础上的，认为认知是心智对符号学表征的加工和操作，忽视身体的参与、体验和经验在教学中的价值与作用，使得学生缺乏体验和实践。另外，传统的大学生心理健康教育仅关注对学生进行知识层面的拓展，缺乏对学生进行渗透性教育和隐性教育的探索，致使心理健康教育出现较严重的空心化现象，没能有效发挥心理健康教育的育人功能。

（二）教学渠道片面，大学生的主动学习意识不强

作为主渠道的大学生心理健康教育课，虽然保证了学时，覆盖了全体大学生，但仍存在一些局限性。一方面，它所提供的活动空间、实践机会有限，无法延伸到大学生的学习和生活中。另一方面，心理健康教育是系统工程，心理健康教育教学所取得的成果还需再回到实际生活中进行深化实践。互联网的出现，引发了传统课堂教学渠道的创新与变革，在一定程度上突出了以课堂为主体的教学的片面性。

大学生对心理健康教育课学习的主观态度是建立在个体对课程重要性的评价上的。

一些高校在新生入学后的第一个学期即开设了心理健康教育课，此时，新生对大学生活还处于异常兴奋的、好奇的状态，有关学习、恋爱、人际关系等常见的心理困惑及心理问题并未凸显。因此，大学生在心理健康知识需求上没有达到迫切需要的程度，从而对心理健康教育课的主动学习意识不强。

（三）大班教学模式制约教学的开展

目前，大部分高校的心理健康课以大班教学为主，其在具体应用中显现出六点不足：

一是差异化和个性化教育难以展现。在以书本内容为中心的教学模式下，教师依赖教材进行教学，将书本上的知识点通过 PPT 展现出来，这种以书本为内容进行一刀切的教学形式忽视了大学生个体心理发展的差异性，不能满足大学生的个性化需求。

二是师生间的互动性和教学的吸引性难以提高。在以教师为中心的教中，教师基于自身出发提供教育，将师生互动交流设计为提升学生学习效果的教学方法，但在实际教学中受课时的限制，课堂中的师生互动交流被切割成小模块，难以提高教学的互动性，且互动内容对大学生的吸引性难以提高。

三是大学生在课堂上的自主性和积极性难以实现。在目前的心理健康教育教学过程中，学生不需要自主选择学什么，而是处于被动接受灌输、被动参与教学游戏的状态。师生不平等的课堂关系、学生不能自主选择的教学内容，大大影响了学生学习积极性的提高。

四是班级教学的时间性和空间性难以扩展。以班级为组织的教学模式，将教学时间和教学地点设计成固定的，一群学生围绕着一个教师，课程学习需要在固定的时间、固定的教室内完成，固定的时间和空间限制了大学生的学习时间和学习地点。

五是心理健康教育课的隐形逃课现象突出。由于大班授课的学生人数较多，大学生在课堂上玩手机、睡觉等现象很普遍，有些教师对这些违纪行为采取漠视的态度，这在一定程度上纵容了违纪现象的发生。

六是教师无法做到因材施教。在大班教学模式下，教师在备课和教学方式上主要以一般学生的知识水平和理解能力为主，无法照顾到大学生的个体差异和个体需求，大学生也无法得到教师的个性化指导。

（四）以考试为核心的考核方式较单一

大学生心理健康教育是应用性很强的一门学科，它的考核方式应该有别于其他课程，它不应该只关注学生对知识掌握程度的考查，更应该关注学生的心灵感悟和行为成长，但目前很多高校心理健康教育课的考核方式仍是以考查为主、以考试为辅。进行一次考试或者写一篇论文并不能达到心理健康教育课的教学目的，也不能真实反映学生的学习效果和教师的教学效果。"一考定音"的考核方式，导致很多大学生在平时不认真学习、不积极参与课堂互动及实践体验活动，认为只要考前突击复习就能拿到高分，这违背了该课程的教学目的，也不能促进大学生个人成长和适应能力的提升。

在实际开展心理健康教育的过程中，教师的教主要是传授与心理学相关的知识点，而大学生的学主要是以通过考核为导向的，即考核要考哪些知识点，大学生就着重复习哪些知识点，考核要考哪些实践内容，大学生就完成哪些实践内容。而对于与考核无关的课程部分，学生根本不会正视，甚至不予理会。传统的心理健康教育课考核评价注重的是对考核对象进行分数、分等鉴定，这种考核评价方式已经不适用于以学生为中心的教学模式。

（五）人力、物力投入不到位

目前，开设心理健康教育课的高校逐年增多，但实施情况参差不齐。心理健康教育课的开设一般由高校的心理中心负责，高校缺乏相应的人力和物力投入。心理中心教师在日常咨询辅导和危机干预工作之余，难以完全承担全校的心理健康教育课教学，通常会请各学院的心理辅导员或具有相关专业背景的辅导员组成教师团队，开展教学工作。高校对心理健康教育课的投入不足，导致不少高校出现心理健康教育师资力量短缺、师资水平参差不齐、教育资源紧缺问题，使得心理健康教育教学工作难以高质量开展。

第二节 慕课与大学生心理健康教育教学模式

慕课即大规模开放在线课程，是数字化时代涌现出来的基于互联网的全新的在线教学课程模式。慕课在推进大学生心理健康教育教学改革上，对于解决师资短缺、营造师生互动氛围、提升教师教学技能、满足学生学习需求等方面有较好的促进作用。高校可以合理利用慕课信息化和大数据技术优势，进一步分析当前大学生心理健康教育课开展的慕课教学改革，以此解决在教学理念、教学渠道、教学模式和教学评价方面存在的问题。大学生心理健康教育可以融合慕课资源，探索慕课教学方式，建设慕课教师队伍，构建慕课评价体系，从而推进教学改革。

心理健康是大学生健康、成才的必备因素，心理健康教育课也是高校普及心理保健知识、进行心理健康教育的重要平台。在大学生获取知识信息化和德育主体性发展的背景下，大学生的学习逻辑和价值取向呈现多样化发展，这些发展、变化凸显了传统的心理健康教育课在教学理念、教学手段、教学模式和教学评价方面存在的不足。慕课作为融合了教育信息化和传授优质教育资源的教学方式，给心理健康教育课教学带来的不仅仅是优质教学资源分享，也将深刻冲击着传统的心理健康教育课教学模式。借助慕课教学技术，在教学改革与创新中对高校心理健康教育课进行实践与应用，以适应现代教育的需求，显得尤为迫切和重要。

一、慕课在推进大学生心理健康教育教学改革上的应用价值

（一）解决心理健康教育师资短缺的问题

心理健康教育课是高等学校工作体系的重要一环，是全面提高大学生心理健康知识的重要平台。2001年，教育部第一次在《教育部关于加强普通高等学校大学生心理健康教育工作的意见》中，将心理健康教育纳入高校心理健康教育工作体系。2011年，又出台《普通高等学校学生心理健康教育课程教学基本要求》，对大学生心理健康教育课建设提出了明确要求与建议，要求各高校开设心理健康教育课程。但由于心理健康教育往往缺乏专业教师或具备心理学学科背景的教师，有的心理健康教育教师是由辅导员兼任的，也有的心理健康教育教师是由其他思想政治课教师兼任的，这就使得高校在心理健康教育的师资投入方面受到限制，导致心理健康教育课在教学计划与实际操作之间产生了矛盾。在慕课教育的浪潮下，心理健康教育课程既融合了"互联网+教育"的特质，又弥补了传统课堂教学的不足。一些高校自愿结成长期的、可持续性的心理健康教育课程联盟，充分整合各高校的优质课程资源，建立基于"在线学习+线下实践"的大学生

心理健康教育慕课跨校共享课程。这种心理健康教育慕课教学模式充分利用信息化手段，突破了授课时间、授课地点、任课教师等传统的心理健康教育教学模式带来的诸多限制，借助优质视频网络课程、优质教学资源、优秀教师等学习资源的支持，有效地解决了高校心理健康教育师资短缺的问题。

（二）营造心理健康教育师生互动的情境

慕课充分利用信息化和网络化手段建立课程网络平台，搭建师与师之间、师与生之间、生与生之间互动交流的新途径，积极尝试课堂与课外互联、线上与线下互通的混合教学模式，有利于营造心理健康教育课堂内外相结合的师生交流情境。具体表现为如下方面：在线上，借助在线平台集中优势资源，对大学生进行心理健康知识传授，并且针对大学生在学习中遇到的各种问题，利用虚拟讨论区、微博等形式，迅速、及时地为学生们答疑解惑。同时，还可以通过生与生之间的在线交流，实现同侪互助。在线下，课堂教学实践是学生与学生面对面交流的一种主要形式。教师不仅要对线上学生询问较多的心理健康共性问题进行详细解答，而且要以学生在学习、生活中的各种认识和遇到的问题为切入点，引导学生自发地投入到课堂实践活动中。通过小组讨论、活动体验和问题解答等互动课堂教学内容，启发学生在课堂实践中把心理健康知识与生活中遇到的实际问题相结合，积极、主动地与教师及同学进行讨论与交流，共同解决问题。因此，心理健康知识内化是通过课堂上师生间的良性互动而完成的。教师与学生有更多的时间进行一对一交流，学生与学生之间通过生生互助得以齐头并进，使慕课成为师生互动的促进剂。

（三）提升心理健康教育教师的教学技能

慕课作为融入了信息化、网络化和数字化等技术优势的教学模式，改变了传统的心理健康教育课教师的教学理念，促进了教师技能的发展，大大提升了以信息技术为核心的教学技能重塑。一是提高了教师利用信息技术进行教学设计的技能。慕课融入信息技术，为师生搭建了一个在线学习与课堂学习相结合的全新平台。心理健康教育课教师应发挥主观能动性，运用网络技术和多媒体技术进行微课设计与制作，运用新技术应用促使课堂内容更吸引人。二是提高了教师利用互联网技术拓宽教学形式的技能，可采用的混合式教学形式包括微课、跨校直播大课、见面互动等。慕课教学依托互联网在线学习及富媒体学习的支持，使课堂教学由单调乏味转为充满趣味。三是提高了教师利用信息技术进行课堂辅导的技能。教师应积极参与线上课程的互动活动,教师的及时帮助、学生的互动交流,有助于学生对心理健康知识的内化。相对于心理健康教育的课堂教学,线上教学更加贴近学生,可以微信公众号形式,组合手机直播课、弹幕互动、在线答题等,把心理健康教育的课堂延伸到移动终端上,帮助学生实现快乐学习。四是提高了教师利用信息技术创设教学互动的技能。教师与教师之间通过学习、观摩教学课件和教学视频,促进教师同侪互助。

(四)满足学生对心理健康教育的实际需求

高校开设心理健康教育课,一是要通过心理学的有关理论和基本概念,对大学生进行有目的的引导。课程以关注大学生在现实生活中遇到的各种困惑为着眼点,以提升全体大学生心理保健素质为目标,推动大学生尽快适应大学生活。二是要满足大学生自我学习、积极进行自我心理建构的需求。心理健康教育慕课在线学习平台突出以学生为中心的教与学,并满足大学生主体的个性化学习需求。心理健康教育课教师要将心理健康教育的知识点与大学生遇到的实际问题相结合,把教材转化为碎片式的知识点和片段化的讲解共同推进教学,为学生自主选课提供新途径。一方面,在"互联网+"时代,心理健康教育课的教学不能再按照满堂灌的形式开展了,课程要符合互联网时代大学生的认知规律和注意力模式,突破课堂教学的瓶颈,建立一个大学生自主选择、适合自身需求的走班制学习方法和组织方法,从而调动大学生的积极性和主动性。另一方面,大学生也可以选择与自己相适宜的心理教育课程,以满足大学生的个性化服务需求。此外,心理健康教育课借助网络在线学习平台,突破了课堂教学的限制,为大学生提供了随时随地的移动学习支持,大学生可以充分利用各种数字化媒介获得丰富的知识内容和实践体验。

二、以慕课拓宽大学生心理健康教育教学改革的实现路径

(一)努力融合慕课教学资源

心理健康教育课最重要的一个方面就是教学内容,贴近大学生思想和生活实际的、高质量的教学内容能够提高课堂教学的实效性,而枯燥的、无聊的书本教学内容容易造成课堂气氛的沉闷。心理健康教育课可以在完善传统的心理健康教育课教学内容的基础

上，精心设计和合理使用优质的慕课教学资源，弥补教材固定模式和教学固定方法的不足。因此，可以通过有效融合慕课教学资源，为心理健康教育课提供资源支持。按照"互联网+"教育理念，整合高校心理健康教育名师教学资源。对于同一个教学内容，不同的教师会从不同的角度进行解读，会运用不同的教学方法，汇聚、整合名师教学的指导力量后，可以丰富大学生心理健康教育课的教学内容。此外，在"互联网+"信息化的背景下，在心理健康教育教学过程中创新应用慕课，可以短视频、图片、音乐等教学元素增加教学的趣味性，并借助在线学习平台、手机直播课程、交互式练习和讨论区等教学模块增加课程对大学生的吸引力，以满足大学生的差异化学习需求。

（二）主动探索慕课教学模式

移动终端设备为学生随时随地学习心理知识、缓解压力提供了一种移动式的在线学习工具，高校应积极构建符合移动互联网时代、适应学生学习行为和习惯的心理健康教育慕课教学模式。大学生心理健康教育课在高校课程建设中有其特殊性，所以高校心理健康教育课教学模式构建的总体思路是：以信息化为突破口，主动探索出深度融合慕课教学、翻转课堂、线上与线下混合式教学模式相组合的、适合本校心理健康教育教学实际的慕课教学模式。搭建"线上教学+线下教学"相结合的教育方法，线上教学内容主要包括微视频、进阶式测试和互动交流的方法，帮助学生理解和掌握心理健康知识；线下教学内容主要包括组织线下见面会、实践活动和游戏等，促进学生形成自我学习能力。从教学评价来看，在线上教学的进阶性测试中，对于客观题，主要采用机评的形式，这样能够及时反馈给学生、及时查缺补漏；对于主观题，可以采用小组互评与教师评价相结合的方法，这样能够建立互助评价小组。在线下的教学中，学生可以根据发现问题、解决问题和实践活动等情况，对其他同学进行评价。教师和学校最终形成集形成性、评价性、诊断性和总结性于一体的动态教学评价方式。

（三）加强建设慕课教师队伍

心理健康教育慕课建设需要教学系统发挥协同作用，慕课在心理健康教育课方面的应用离不开教师主体意识的发挥。一是心理健康教育教师个体要努力转变传统的教学观念，不断学习现代教育理念，在教学内容上，教师要注重学术性与实用性的统一，推进优质心理健康教育慕课资源与大学生活实际相结合，形成内容丰富、反映问题现实的课内、课外教学内容。在教学方法上，教师要注重科学性与趣味性的统一，促使科学教学方法与趣味性游戏、心理测验相结合，从而确立以生为本的教学观。二是教师要加强对学生的了解，要尊重学生的主体地位，掌握学生的学习情况和现实环境，分析学生的学习规律、接受方式和存在问题等，进而对症下药。三是教师要提升自身的综合素养。一方面，教师要不断完善自身的知识结构。由于心理健康教育具有很强的理论性和专业性，这就需要心理健康教育课教师要有扎实的理论基础。另一方面，教师要提升自身的信息素养。培养从慕课资源中筛选出有效教学信息的能力，并应用多媒体技术将有效教学信息用于辅助教学设计，从而加强心理健康教育慕课教师队伍建设，提高以学生为中心的教学理念下的教师能力，确保心理健康教育慕课教学质量得以提高。

（四）积极构建慕课评价体系

心理健康教育课的教学评价，会对教师的教学发挥重要的指引和监督作用。心理健康教育慕课应该把慕课教学模式与传统教学模式相结合，贴近学生的生活实际开展教学活动，最大限度地满足学生对心理健康知识的需求，进而达到较好的教学实效。高校积极构建心理健康教育慕课评价体系，可以提高教学团体的教学质量，并且最大程度地发挥各类教学资源的效力，从而不断地促进教师的科学发展和学生的全面成长。借鉴慕课的理念和方法，心理健康教育教学模式改革也需要适时改变传统的以考试分数评价教学效果的考核方法。在心理健康教育课教学评价中要做到全面覆盖、突出重点，积极引导学生将心理健康知识内化为解决实际心理问题的能力和行为习惯。高校应尝试把构建心理健康教育慕课评价体系划分为四个方面：一是注重评价主体的平时表现，形成师生双主体共同参与考评的机制，切实做到教学评价服务于学生对心理健康知识的学习；二是注重学生的评价反馈，要扩展心理健康教育课服务育人的功能，无论是在线上教学中，还是在线下教学中遇到的问题，都要及时反馈；三是注重进行案例分析与实践活动总结，考核学生对心理健康知识和心理调适技能的应用情况，全面评估学生的实践能力和素质；四是创建基于慕课的多元化考核平台，做到及时、有效、客观、全面地评价心理健康教育课的教学效果。

第三节 大学生心理健康教育课体验式教学模式

大学生心理健康教育课是高校心理育人的主渠道。传统的心理健康教育课存在教育理念滞后、教学投入不足和学生参与性不强等问题，高校应将体验式教学引入课堂教学实践中，加强体验式教学与心理健康教育目标的结合，注重理论与实践环节的结合，发挥师生互动与生生互动的作用，设计合理的评价体系，有效构建高校心理健康教育体验式教学模式。

当前，我国的高等教育从外延式发展阶段走向内涵式发展阶段，心理健康教育作为高校思想政治教育的重要组成部分，必须服务于高校高质量、创新型人才培养工作。现阶段的大学生心理健康教育课普遍采用以知识传授为主、以教师为中心的传统教学模式，忽视了对学生的主体性培养，导致心理健康教育的实效性不强。因此，教师将体验式教学引入大学生心理健康教育课当中，注重将学生的认知活动、体验活动与践行活动三者进行有机结合，让学生在学习中发现自己的问题，学会找到解决问题的途径，获得心灵的成长。

一、体验式教学契合大学生心理健康教育的特殊性

（一）体验式教学的内涵

心理健康教育是触碰人的内心，涉及世界观、人生观和价值观体系深层次的情感交流过程，教育者单纯地进行知识传递是远远不能达到效果的，而体验式教学为心理健康教育提供了新的教学思路。体验式教学是通过创设合理的教学情境，教师有目的地引导学生自我感知、体验所要学习的知识，使学生在亲身体验的过程中理解并建构知识、发展能力、运用知识的一种多向传递的互动教学模式。较之传统的以教师为主体的教学形式，体验式教学模式构建了师生之间"主导—主体"的双向沟通与对话机制，极大地提

升了学生的主体意识。

（二）体验式教学契合大学生心理健康教育的特殊性

心理健康教育体验式教学模式是将学生置身于一定的教学情境中，引导学生真切体验，深入反思，通过情境体验、思想碰撞、深刻反思、理念内化等方式，把心理学知识转化为内心感受，在感悟与升华中潜移默化地产生教育意义。这种教学模式是打造教学过程中师生互动、生生互动关系的有效模式，为达成教育效果的优化提供新视角。

1. 体验式教学有利于帮助大学生进行自我认知的深入探索

根据埃里克森提出的心理社会发展理论，确立自我同一性，防止角色混乱是青少年时期重要的发展任务。然而，自我认知的发展容易受到成长经历、学习环境、人际关系和压力事件等多种因素的制约和干扰，从而出现角色身份困惑或自我主体迷失。我们在"大学生的自我意识"这章里，通过循序渐进的体验活动，引导大学生分析自我，通过生生互动的分享和师生互动的交流，帮助大学生探索对自我的认识和定位，整合"理想的我"与"现实的我"之间的矛盾冲突，树立切合自身实际的人生目标。

2. 体验式教学有助于缓解大学生的负面情绪

大学时期的学生一般都缺乏社会磨炼、心理承受能力较弱，在承受来自学业、情感、交往、经济和就业等困扰时，难免会出现自卑、焦虑和愤怒等负面情绪。而体验式教学注重教学过程的参与互动、沟通分享，通过做游戏、绘画比赛、听音乐、讨论分析和内容分享等多种方式，可以有效解决大学生情绪上的困扰，从而达到宣泄情绪、释放压力的目的，推动大学生心理健康发展。

3. 体验式教学有利于提升大学生人际交往能力

大学生正处于人生发展的关键期，良好的人际交往能力不仅有利于大学生的身心健康，而且能提升个体的幸福感。然而，我国大学生的人际交往状况却不容乐观，特别是宿舍人际关系冲突时有发生。一项调查结果显示，38.2%的大学生存在一般人际交往困扰，3.9%的大学生存在严重的交往困扰。体验式教学将知识学习与生活情境有机结合，通过对大学校园生活的情境创设，如宿舍人际冲突、师生有效沟通和恋爱冲突等，鼓励大学生在体验的过程中思考和实践，在解决具体问题的同时满足大学生人际交往的心理需求。

二、大学生心理健康教育课体验式教学策略

(一)教学设计要与课程目标相结合

《普通高等学校学生心理健康教育课程教学基本要求》指出,高校学生心理健康教育课是集知识传授、心理体验与行为训练于一体的公共课程。目前,心理教师习惯运用传统的教学方法开展教学活动,习惯进行填鸭式的心理健康知识传授,而忽视对学生进行心理技能培养和心理品质提升。从心理的角度进行分析,心理品质是主体依托实践共同体,通过实践活动内化外部刺激而形成的。基于大学生心理健康教育课的教育目标,该课程的教学设计不是知识灌输,而是实践性很强的综合性体验,教师应该真正以学生为主体,创设情境,尊重学生在学习过程中的参与、体验与感悟,让学生真正成为教学的主体。

(二)注重理论学习与实践的有机结合

大学生心理健康教育课是集知识、体验和训练于一体的综合课程,针对当前心理健康教育注重心理知识传授,忽视了学生心理技能和心理品质培养的现状,体验式教学方法更加注重理论学习与实践的有机结合。

为提高心理健康教育教学的实践性,体验式教学设计要求以情境创设为出发点,重视学生真实的情感体验,重视沟通与分享,调动学生积极参与和思考。基于此,大学生心理健康教育教学设计的基本环节为:引入话题—创设情境(自我体验)—交流分享(深刻反思)—总结提升。此外,由于大学生心理健康教育课的课时有限,教师应积极借助互联网平台,采取慕课与微课相结合的形式,探索理论与实践的有机结合。

(三)注意发挥师生互动与生生互动的作用

建构主义教学思想鼓励教学信息在师生之间、学生之间多方向流动。这种师生互动和生生互动模式在体验式教学中发挥着重要的教育功能。在师生互动模式中,教师更多地充当协调者和引导者的身份,就教学重点和难点向学生进行启发式提问及相应的引导,让学生自己觉察、思考、分析和解决问题。高质量的师生互动能使学生的课堂学习处于高效状态,提高学生学习的积极性和主动性,并促进学生个体心理品质的提升。生生互动所表现出来的沟通与分享、支持与反对、竞争与合作等关系会在学生间产生交互

作用，引发认知的相互碰撞、情感的相互感染与行为的相互激励，提升学生主体的参与能力。

（四）设计合理的评价体系

大学生心理健康教育体验式教学需建立针对学习过程的形成性教学评价体系。形成性教学评价关注学生的学习过程，将平时作业和小测验作为教学反馈的基础，对学生在学习过程中的优势和不足进行分析，并针对这些过程的特征对教学活动进行调整和改进。因此，形成性教学评价渗透整个教学活动当中，是与教学融为一体的评价体系。形成性教学评价注重学生自评、互评与教师评价相结合，可以更好地培养学生的主体意识和责任意识。形成性教学评价是内部反馈与外部反馈相结合的循环过程。形成性教学评价的目的不仅仅是对学生的学习效果进行评价，更重要的是通过评价促进教学相长及学生学习主体意识的形成，切实提高心理健康教育教学的质量。

第四节 大学生心理健康教育课大班分层教学模式

开设心理健康教育课是高校心理健康教育的一条重要途径。目前，大学生心理健康课多以大班教学为主，大班教学存在无法照顾学生个体差异和个体需求，难以做到因材施教等问题。分层教学模式的建立，解决了大班教学的现实问题，能够满足不同层次、不同类型学生的心理需求。根据学生身心发展规律及心理需求，建立以心理健康教育课为主，以讲座、沙龙、工作坊、团体辅导和行为训练等心理活动为辅的多位一体分层教学模式，已经成为高校心理健康课教学的必然趋势。

2011 年，教育部印发的《普通高等学校学生心理健康教育课程教学基本要求》提出了心理健康教育课的课程性质、教学目标、教学内容及教学方法。2018 年 7 月，教育部印发《高等学校学生心理健康教育指导纲要》提出各高校要完善心理健康课程体系，使用多种教学方法，提高教学质量，提升学生的心理素质。目前，各大高校都以必修课或选修课的形式开设了大学生心理健康教育系列课程，但主要以大班教学为主。要满足不同层次、不同类型学生的心理需求，分层分类开展心理健康教育教学成为必然选择。分层分类教学是指以大学生心理健康教育课为核心，以其他相关课程和活动为补充的心理健康教育课程体系。对于分层教学模式的探索及实践，主要包含以下四个方面：

一、把握课程特征，开展分层教学

大学生心理健康教育是一个以课程为核心、以其他活动为补充的系统，它必须满足不同层次、不同类型学生的心理需求。有调查结果显示，近一半的学生认为心理健康教育课应以"必修课+选修课"的形式开设，约40%的学生认为应在各年级开设心理健康教育课。根据学生身心发展规律和心理需求特点，以公共选修课的形式开设以学习、人际交往、恋爱和就业等为主题的心理学课程，让学生可以根据自己的需求自主选择。

高校的心理健康教育不应局限于传统的课堂，开展分层教学应以课堂教学为主，以其他心理教育活动为辅；以学生需求为导向，建立以课堂教学为主，以讲座、沙龙、工作坊、团体辅导和行为训练等活动为辅的多位一体分层教学模式。例如，高校应建立以积极心理学理论为核心的大学生心理健康教育课程体系，教师不仅要在课堂教学中讲授积极心理学的概念，还要通过开展一系列以积极心理学为主题的活动达到培养学生积极的人格特质、提高心理素质的目的。教师还可以根据学生的个别需求开展其他主题活动，依据学生的心理需求开设相关的公共选修课，组织行为训练小组，为学生提供心理咨询等。这种多位一体分层教学的模式，可以从多角度、多方面为不同需求、不同群体的学生提供服务，促进学生个人的成长。

二、了解学生需求，设计教学内容

大学生心理健康教育课具有特殊性，即以学生为主体，以教师为主导。课程内容、案例和选材都要以学生的需求为出发点，这样才具有针对性，才能激发学生的学习兴趣和学习动机。教学内容既应遵照国家相关文件的要求，还应遵循学生的身心特点、发展规律及其心理需求。不同年级的学生都有不同的发展主题，他们面对的心理困惑具有特殊性和差异性，大一学生主要面对的是适应问题，大二、大三学生渐渐适应了大学生活，但在人际交往、恋爱和学习等方面可能会遇到困惑，大四学生主要面对的是就业和择业问题。因此，大学生心理健康教育课的教学内容应结合各年级学生的身心发展特点进行分类分阶段设计。除了要开设大学生心理健康教育公共必修课之外，还应开设以学习心理、人际交往、恋爱心理和职业生涯规划等为主题的公共选修课，以满足不同层次学生的心理需求。

高校及教师要了解大学生的心理需求，可通过调查、访谈的形式来进行。可以在每学期的第一周对学生进行问卷调查，了解学生的需求，例如希望通过该门课程获得哪些心理知识，希望学到哪些心理调适方法和技能，自己存在的困惑有哪些等；可以将日常心理咨询中学生求助的问题作为大学生心理需求调查的部分来源；还可以通过与辅导员交流来了解学生的需求。在了解了学生心理需求的基础上，根据教学大纲的要求，对教学内容进行调整与设计。

大学生心理健康教育的根本目的不仅在于传授心理健康知识，更在于提高大学生整体的心理素质。对于大多数学生而言，只掌握了心理调适的知识和方法，只能让其在面对问题和困惑时知道如何去解决，却并不会提高其心理素质。大学生不仅要学会心理调适的方法，还要习得如何让自己成为一个幸福的人，因此将积极心理学作为大学生心理健康教育课的理论核心是一种必然结果。

激发大学生的积极品质，不只是单纯地传授给学生如何调整消极情绪、如何鉴别心理问题，大学生不仅应该知道如何控制、调整自己的心理状态，更重要的是能够学会如何提高自己的心理素质。因此，教师在设计教学内容时，应注重在课程中加入积极心理学的内容。通过对一些大学生进行访谈了解到，他们不仅想要获得心理健康的基本知识，更期望获得具体的心理调适方法和技能，期望在实际生活中遇到学习、人际或情绪方面问题时有具体的方法可以运用。因此，大学生心理健康教育课的内容设计应重视对学生解决问题能力的培养，教师应通过案例分析和角色扮演等方法，与学生分享更多的心理调适方法与技能。

三、结合教学内容，创新教学方法

心理健康教育课不仅要讲授心理健康方面的知识，而且对学生进行自我体验、心理调适技能的训练也很重要，应重视学生在活动、实践中的体验和感悟，鼓励学生分享。教师可以借助一些方法或手段达到促进学生内心体验的目的，如角色扮演、绘画和游戏等，让学生参与到活动中，给学生充分的时间去体验和感悟，鼓励学生与同学、教师分享自己的想法和情绪。在自我体验的过程中，达到促进自我认识、自我成长的目的。

教师在讲解某些概念时，可以让学生参与进来，增加师生互动、生生互动。例如，在讲解感觉剥夺实验时，可以进行情景模拟，即教师设置一个模拟场景，先让学生来体验，然后再讲解这个实验，一方面，可以吸引学生的注意力；另一方面，可以让学生对这个实验有更深刻的认识和理解。

对于一些案例，教师可以动员学生对案例中的角色进行扮演，然后由教师进行点评，学生分享体会。这样，能让学生积极、主动地参与到课堂中，能让学生对角色的心理状态、心理过程及案例中的问题有更深的理解。还可以通过交换角色的方法，使学生换位思考，有助于学生从新的角度理解角色、想到新的解决问题的方法。

在新媒体时代背景下，可以采取线上（公开课、微信公众号等）与线下（课堂、教材、教学课件等）相结合的教学方法。教师要根据学生的特点和需求，分别挑选出适合线上学习及线下教学的内容，对于重点和难点，教师应进行线下教学。师生应充分利用课堂时间，让学生在课堂上有足够的时间和机会去体验和分享，教师能够对学生给予反馈和指导。当教师选择线上教学作为对课堂教学的补充时，需认识到线上教学存在的局限性，同校的心理教师可以一起开发适合本校学生的线上心理健康教育课程，让有不同需求的学生自行选择课程。如何确保学生在线上学习的质量，是教师需要认真思考的重要问题，也可以通过设置线上课程问题或作业，来达到监控学生线上学习的目的。

在教学方法上，应以学生需求为主。教师可以通过问卷调查的形式了解学生的需求，在每学期的第一次课上，教师将课程内容以主题的形式一一罗列并介绍给学生，了解学生希望每个主题以怎样的教学形式开展，结合学生的反馈意见，对教学方法进行设计。在教学过程中，教师还要考虑学生的共性和个体差异问题。在设计教学方法时，要考虑不同专业学生的特点，实施针对性教学。例如，对于同一个活动，教师在不同专业的班级授课时，可以采用不同的教学方法，对于美术专业的学生，可以通过绘画的形式表达，对于数学系的学生，可以使用数字来表达。

四、依据课程特征，灵活进行课程考核

心理健康教育课不仅要考查学生对知识的理解和掌握程度，还应考虑学生的心理调适能力和解决实际问题能力等。因此，应改变传统的课程考核形式，从"一考定音"的方式向多形式、多角度的综合考核转移，可设置考核成绩由平时成绩（30%）+期中成绩（30%）+期末成绩（40%）构成。

平时成绩应根据学生的出勤率和课堂表现及参与情况来评定。教师可以利用手机软件等考核学生的出勤情况，一是可以节约课堂时间，二是传统的点名方式在某种程度上易引起学生的反感。对于学生的课堂表现及参与情况，可以通过学生在课堂上发言、参与互动等方式来考查。例如，教师可在每节课都设置一些开放性问题，引导学生进行思考，开展课堂分组讨论，提供分享环节；教师还可以根据课堂内容设置角色扮演和案例表演等活动，让学生有更多的机会参与其中。

期中成绩可以根据学生的实践报告来评定。在一个学期期中考试的前两周，教师让学生从实际生活中寻找案例，运用学到的心理学知识解释案例并解决案例中存在的问题，最终形成实践报告。

期末成绩主要是根据学生的自我成长分析报告来评定。让学生以过去、现在作为时间点，描述、分析自己的变化及这学期的收获，引导学生从自我变化中获取成长经验。

第五节 大学生心理健康教育课"四位一体"教学模式

"四位一体"教学模式是在对大学生心理健康教育课长期实践与探索的基础上提出的。该模式以建构主义学习理论、实用主义教学理论和人本主义学习理论为理论基础，通过理论讲授、活动体验、分享交流和反思总结四个环节的交互影响，让大学生对学到的心理健康知识进行体验、巩固、内化和实践，从而达到提升自身心理品质的目的。

大学生心理健康教育课是根据学生身心发展的特点，以相关心理学的理论和技术为指导，通过各种授课形式，有目的、有计划、有组织、循序渐进地提升学生的心理品质，

维护其心理健康，健全其人格的一门课程。在教学过程中，教师要充分调动大学生的积极性和主动性，使他们在活动中获得体验和启发，全面提升其心理素质，开发其心理潜能。

当下，很多高校的心理健康教育课立足于"学科本位课程模式"，该课程模式包括学问化、专门性和结构化三大特性，以心理学基础为侧重点。在这种学科本位模式中，很多教师坚持一本教材走天下的观点，重视自己的知识讲授，轻视学生的主体体验；重视知识的填鸭式教学，轻视与学生的互动；重视教材内容，轻视生活实际和学生的内心需求。在这种单一的、传统的教学方法下，大学生心理健康教育课本身的价值和意义难以凸显。也有很多高校遵循"活动本位课程模式"，强调互动和体验，但又走向另一个极端，即过于强调活动和体验，而忽略心理理论知识对学生的影响，使得教学活动出现娱乐化倾向。目前，较多的做法是将两种模式相结合开展教学，形成"理论—体验"模式，也有教师经过探索后提出"教—学—做"三位一体模式。

"四位一体"即"理论讲授—活动体验—分享交流—反思总结"，这种教学模式力图把知识教学与体验教学相结合，并达到最佳的平衡点，在此基础上增加分享交流与反思总结环节，充分体现以学生为主体的教学理念。

一、"四位一体"教学模式的理论基础

教学模式是指在一定的理论指导下，相对稳定的教学框架和程序。"四位一体"教学模式注重体验、互动、合作与交流。

建构主义学习理论认为，学习的本质是个体在已有经验和知识的基础上，在与外界环境的互动中，主动建构自己的新的知识和理解的过程，是意义的生成过程。因而，教学要以学生原有的知识和经验作为新的知识的生长点，引导学生从原有的知识和经验中，主动建构新的知识和经验。建构主义学习理论特别提出"学习共同体"概念，即教师与学生、学生与学生在探究或体验活动中发生实质性的交往、对话、交流与合作，进行协商、分享和反思，彼此倾听和欣赏，这个学习共同体才真正生成。大学生心理健康教育不仅仅是让学生学到基本的心理学和心理健康方面的知识和技能，更重要的是培养学生独立思考和创新的能力，培养学生的责任感与合作精神，鼓励学生勇于表达与分享，培养学生与人交往、进行情绪管理等能力，而这些也正是建构主义学习理论所强调的核心能力。

杜威是实用主义教育教学理论的代表人物，他提出了"从做中学"的教学方法，也就是从活动中学、从经验中学，它使得学校里的知识获得与生活过程中的活动联系了起来。在师生关系上，他认为教师更多的是引导学生。杜威的这些教育教学观点对大学生心理健康教育的教学实施有很大的指导意义。大学生心理健康教育是一门理论与实践相结合的课程，既需要通过教师讲授知识使学生获得系统、完整的心理健康知识，又需要学生自己积极参与体验与实践，而教师在这个过程中要充分重视学生的主体地位，给予他们真正的启发和引导。

人本主义学习理论认为，学生都有向上的潜能，教学的关键是让他们的潜能得到充分发展，教师只有充分信任学生、尊重学生、了解学生，设身处地为学生着想，才能做到这一点。人本主义"以人为本，充分发挥个人的潜能"的基本理念，正是大学生心理健康教育课所要遵循的核心价值。

二、"四位一体"教学模式的内容

（一）理论讲授

理论是系统化的理性认识，是概念和原理的体系，正确的理论是对客观事物本质和规律的反映，理论来源于实践并指导实践。心理学理论教育是把心理学中与大学生发展关系最密切的系统理论贯穿于大学生心理健康教育之中，使大学生心理健康教育更加理论化和系统化。如今，大学生的心理健康意识较强，他们从各种途径获得心理知识，但这些知识大多是零散的，不能真正满足他们成长和发展的需要，而课堂上系统的心理理论知识学习能帮助大学生更好地实现自我成长，激发大学生的潜能，使大学生获得更大的发展后劲。

近些年，在高校心理健康教育理论教学中，大部分高校教师以主题的方式进行教学，即根据大学生心理健康的标准及大学生常见的心理问题，把教学内容分为环境适应、自我认识、人际交往、学习心理情绪与压力管理、恋爱与性心理、意志与挫折，以及生命教育等若干个主题，结合主题讲授相应的心理学理论和心理调节方式。

理论讲授是"四位一体"教学模式的基础，如果缺乏系统的心理理论学习，后面的体验、分享和反思环节就如空中楼阁，教学效果就会大打折扣。在理论讲授环节，无论采取哪一种方式，要把握的基本原则是心理理论知识要系统，有一定的深度和难度，达到大学生的最近发展区，才能起到真正促进学生发展的作用。

（二）体验活动

建构主义认为，所有的知识都是人通过自身的主观努力、以经验为基础而建构起来的，但人们在建构知识时，又在努力追求使建构起来的知识与它的基础，即经验相一致、相符合，也就是追求知识的客观性。学生的学习是重构自己经验的过程，是自主反思、体悟的过程。大学生心理健康教育中的体验式教学正是基于这样的目的，通过各种形式的体验活动，在交往与互动中实现学生与教师之间、学生与学生之间的沟通、对话、反思与体悟，激发学生的情感，在温暖与互动的氛围中获得力量与爱，体会归属感与安全感，提升自信心。

在大学生心理健康教育课堂上，心理游戏、案例分析、角色扮演、心理情景剧和团体辅导等都是比较受大学生们欢迎的体验式教学方式和手段。毕淑敏的《心灵七游戏》里介绍了七种非常适合大学生的体验游戏，例如，"我的人生五样"可以让人更加清晰地了解自己的价值观，让自己在关键时刻作出正确的选择，有效地解决问题；"你的支持系统"可以让我们分清知心朋友和利益朋友，可以知道自己的支持系统是强大的，还是薄弱的，以及如何去建立自己的真正有效而强大的支持系统；"写下你的墓志铭"是一个关于死亡的游戏，这个名字会让一些大学生产生排斥心理，但真正参与体验过这个游戏后，所有人都好像获得了重生，更有信心地面对未来。

体验活动是"四位一体"教学模式的关键，如果缺乏体验和感悟，心理健康教育课就会缺乏应有的生机与活力。

（三）分享交流

分享交流环节是对理论学习和体验活动的感想、感受进行分享与交流，这个过程可以拓宽知识经验的有效迁移范围，是学生主体与环境客体、间接经验、知识相互作用并产生感悟的过程，使前两个环节的学习效果更加巩固和持久，还能帮助学生强化自我改变、自我提升的力量。同时，表达、分享、交流也是对学生进行心理行为训练的过程，通过分享形成更加完整、客观的自我认识，通过交流可以锻炼学生的人际沟通能力，学会正确表达自己、倾听他人，并对他人的言行进行积极的反馈。

在以往的学科本位模式、活动本位模式及"理论—体验"模式中，分享交流环节都被忽略了，或者流于形式，经常出现学生在课堂上激情满怀、课后却无动于衷的现象。在"四位一体"教学模式中，分享交流环节是心理健康教育课的灵魂，既作为一个独立的环节巩固前两个环节的效果以及并引起下一个环节的思考，又作为一种行为训练的方式贯穿于整个教学过程之中。

（四）反思总结

在反思总结环节中，反思是一种批判性思考，对整个教学过程及自己在教学（学习）中的表现和行为及其产生的结果进行审视、分析的过程。通过反思总结，发现自己与他人相比有哪些优势与不足，在优势中获得前进的动力，在弥补不足中求得更好的发展。大学生心理健康教育是一门理论与实践相结合的课程，始于知，践于行，反思总结环节是"践于行"之前的审视、认同和内化的过程，将推动大学生在生活中付诸行动并养成良好的行为习惯。

在心理健康教育课堂中，教师和学生都需要反思与总结。心理健康教育教师进行反思，除了要审视教学理念、教学过程、教学内容和教学进度之外，特别要审视和总结自身对于心理学理论的把握情况，带领学生进行活动体验时的状态和感染力，对学生的关注、共情和倾听等做得如何，还要对学生在活动中、在分享交流中、在小组合作中的表现进行总结，并及时反馈给学生。学生进行反思总结，可以从所学知识、体验感受、小组表现、自己表现、发现问题及想到的改善措施等方面来进行，这个过程对学生来说意义重大，既是内化知识的过程，也是内化知识和观念后即将付诸行动的一种表态。

对于反思总结环节，除了在课堂上通过语言的方式进行记录和保存外，还可以根据具体情况将此环节延续到课后，师生以书面文字的方式进行记录和保存。

总之，"四位一体"教学模式的四大环节相辅相成、缺一不可，理论讲授是基础，体验活动是关键，分享交流是灵魂，反思总结是根本，它们共同构成完整的、有后劲的、有活力的、有情感的课堂。

三、"四位一体"教学模式在实施过程中要注意的问题

（一）教学开端问题

"理论讲授—活动体验—分享交流—反思总结"四大环节是一个整体，但其操作顺

序并不是固定不变的,可以根据内容的性质和学生的特点进行调整。既可以以理论讲授作为某教学单元的开端,又可以先从活动体验获得感性认识开始,或者从给出主题让学生进行讨论交流开始,各个环节在实施过程中也可以根据实际情况穿插进行。

(二)各环节教学比重问题

对于一个完整的心理健康主题教学过程来说,四个环节都非常重要,因为课堂时间有限,所以在课堂上各环节的教学比重可以略有偏重。一般来说,"理论讲授—活动体验—分享交流—反思总结"四大环节可以按照4∶3∶3∶1来进行,其中,反思总结环节还可以通过课后以书面文字的形式来做进一步补充,而理论讲授环节可以提前让学生进行预习和思考。各环节的教学比重不是固定不变的,依然可以根据实际情况进行调整。

(三)教学组织形式采用问题

在大学生心理健康教育课堂中实施"四位一体"教学模式,要求采用大班教学与小组相结合的教学组织形式。通过大班教学进行理论知识讲授,而体验活动、分享交流及反思总结环节可先在小组内进行,以保证每名学生都能充分地参与、表达和思考,通过这些环节生成若干个"学习共同体"。

(四)对教师的要求

"四位一体"教学模式对教师有较高的要求。教师要有扎实的心理学理论功底,具有根据主题设计体验活动的能力;作为活动的领导者,要有亲和力、感染力、观察力和场控能力,要具有激发学生情绪、情感的能力;作为课堂的引导者和心理导师,要善于归纳、总结,能激发学生分享和表达的意愿,具有理解能力、倾听能力和觉察能力;作为一名能对他人产生积极影响的心理健康教师,要做到自信、乐观、豁达和包容,有很强的接纳能力和反思能力。

第六节 大学生心理健康教育课"教学做一体化"教学模式

"教学做一体化"教学模式强调教、学、做是一件事，要有在做上教、在做上学的理念，凸显理论与实践的结合，这对于高校大学生心理健康教育课具有重要的启示。以下从大学生心理健康教育课的现状出发，探讨"教学做一体化"教学模式与大学生心理健康教育课的结合，从教学内容的源自生、教于生，教学方法的体验感悟、学生先行，教学评价的学有所感、学有所获三个方面论述"教学做一体化"教学模式在心理健康教育课中的应用。

一、"教学做一体化"教学模式的内涵及其应用

（一）"教学做一体化"教学模式的内涵

20世纪20年代，我国教育家陶行知提出"社会即学校，生活即教育，教学做合一"的教学思想。"教学做一体化"教学模式的实质是教学过程的实践性，"做"是核心，主张在做上教、在做上学。"教学做一体化"教学模式改变了传统教学教师讲授、学生接受的模式，凸显教学的实践性，以课堂理论教学为基础，以有效的教学评价机制为手段，以实践教学为延伸，偏重学生对知识的内化和运用。

（二）"教学做一体化"教学模式在课程教学中的应用

"教学做一体化"教学模式受到众多职业院校教师的青睐，成为他们改进教学的有效手段。结合职业教育的特点，"教学做一体化"教学模式可以很好地满足学生对知识的掌握和应用要求，直接培养社会需要的职业人才。纵观国内关于"教学做一体化"教学模式的研究，多是职业院校集中在计算机、电子机械和医疗护理等相关专业开展的。而"教学做一体化"教学模式在普通高校教学中的研究和应用较有限，其在高校教学中

有很大的应用空间。

（三）"教学做一体化"教学模式与大学生心理健康教育课的结合

2005 年，《教育部 卫生部 共青团中央关于进一步加强和改进大学生心理健康教育的意见》指出，要充分发挥课堂教学在大学生心理健康教育中的重要作用，通过案例教学、体验活动、行为训练等形式提高课堂教学效果。在教学中，要根据大学生的生理、心理发展特点和规律，运用心理健康教育的理论和方法，以学生个人的直接经验为中心，以学生本人的情意活动为主要内容，从现实生活出发，立足于教育，重在指导和实践，促进学生身心的全面、和谐发展。

从这段关于心理健康教育目的的论述中可以看出，心理健康教育最终的评估标准是学生能否将所学的心理学知识运用到现实，保持身心的健康状态，这与"教学做一体化"教学模式不谋而合，将理论与实践联系起来。结合大学生心理健康教育课特点和"教学做一体化"教学模式特点，开展大学生心理健康教育"教学做一体化"教学模式研究，对于提高大学生心理健康教育课的实践性和实效性，具有重要的理论指导和实践意义。

二、"教学做一体化"教学模式在大学生心理健康教育课中的应用

基于对大学生心理健康教育课的长期教学经验，结合近年来编写的大学生心理健康教育课程教材，以及学生对大学生心理健康教育课的反馈，从三个方面论述"教学做一体化"教学模式在大学生心理健康教育课中的应用。

（一）课程内容——源自生、教于生

大学生心理健康教育课教什么，怎么教，在课程内容的设置上需要考虑什么，如何体现这门课程的开课目的，这是大学生心理健康教育课程首先要考虑的问题。

在设置大学生心理健康教育课程内容时，笔者所在学校立足于大学生身心发展特点，依据大学生在个人成长中遇到的困扰，在自我、人际、情感、挫折和生命教育等方面开展教学。纵观目前国内的大学生心理健康教育课程教材，涵盖的内容包括大学生人格完善、和谐自我构建、学习心理、情绪调控、良好人际建立、压力调适、挫折应对、

职业生涯规划、网络心理和心理危机干预等。

进行课程内容设置，是为了更好地开展大学生心理健康教育课的教。只有立足于学生现实需求的教，才能更好地用之于学生、产生较好的效果。

科学的、可行的心理健康教育课程内容设置，要体现以下两个特点：

第一，教学内容的现实性。按照埃里克森人生发展的八个阶段，大学阶段处于青年期，面临"亲密—孤独"的发展矛盾，有些大学生还在完成青春期的"自我同一性—同一性混乱"的发展任务。在这个阶段，他们会面临自我困惑，积极努力地认识、了解和发展自我；他们渴望朋友，寻找友情和爱情；他们充满求知欲，规划着自己的人生蓝图；他们努力获取进入社会的资本，积极地适应社会。但在快速发展的社会和日趋激烈的竞争面前，他们在学习、情感、人际、生活和工作等诸多方面面临着挑战，也容易滋生心理困扰。这些心理困扰，就应成为教师教学的内容。

第二，教学对象的学生主体性。大学生心理健康教育课以大学生为主体，无论是从教学内容的选择上、教学过程的实施上，还是在教学效果的评估上，都要以促进大学生心理健康水平的提升为出发点和评估标准，力争发挥大学生心理健康教育课自助的功效，实现师生在心理健康上的自得自动、学有所获。

（二）教学方法——感悟体验、学生先行

如何上好大学生心理健康教育课，才能调动学生的学习积极性，让学生学以致用？有研究显示，大学生们认为最需要，但同时也最不满意的课程是心理健康教育课。这是一个非常尴尬的结果。如何摆脱大学生心理健康教育课的困境，在教学方法上，教师要真正调动学生内在的学习动力，让他们去体验和感悟，在身体力行下感受自身的心理状况，从而调动所有资源，促进身心的健康发展。

教师要帮助学生通过感官感知外部的世界，获得感受体验，形成感性认识；结合已有经验，联系现实，运用思维，在感悟体验中获得理性认识。从感性认识到理性认识的飞跃，让大学生能够更合理地看待自身的身心现状，从而寻求改变之法。"教学做一体化"教学模式注重在做上教、在做上学的理念，与这种"感性—理性—应用"的思想不谋而合。

在教学中，教师可多采用游戏、团体活动、小组讨论和角色扮演等参与互动的教学方法，带领学生在活动、游戏和探讨中体验心理健康的丰富内涵，提升学生的心理健康水平。例如，在进行大学生自我意识主题探讨时，可通过"20 个我是谁""独特的我"

"遗失的世界"等游戏活动，让学生认识到个体的独特性、自我的构成等，让学生学会珍惜、感恩已经拥有的。通过这种方法，既能调动学生参与活动的积极性，又能将知识融入生活，在音乐、绘画等艺术形式中调动学生的感官，在情境的渲染下激发学生的理性思考。

一切教皆是为了不教，开设大学生心理健康教育课，是为了让学生更好地知晓心理健康是什么，如何维持心理健康，其有效的教学方法要体现以下两个特点：

第一，教学的生动性。心理健康知识对于每名学生来说都是重要的，学生带着强烈的学习动机参与学习，更需要的是维护心理健康的方法，以及如何运用这种方法。在教学中，教师不需要对一般学生过多地讲授心理学理论知识，而是要调动他们对自身心理问题的正确认识。游戏、团体活动、小组讨论和角色扮演等参与互动模式可较大限度地调动学生的参与性，将心理健康内容以可感知、可体验的方式呈现出来，用生动有趣的课堂形式调动学生的学习热情。

第二，教学的有效性。授人以鱼不如授人以渔，无论教师传授多少心理学知识，皆是为了学生能够在社会生活中更好地适应和发展。在教学中，方法的有效性在于学生拥有将所学的知识运用于实践的能力，例如，在人际关系方面，学生通过角色扮演了解朋友间的相处问题，通过小组探讨了解人际相处的原则等。在这个过程中，学生参与体验获得感悟，能够及时思考问题解决之法，教学效果立竿见影。

（三）教学评价——学有所感、学有所获

开设大学生心理健康教育课的初衷是提升大学生的心理健康水平，学生能够从自我主观经验评价、社会适应、统计学评估标准，以及自身的行为标准上进行衡量，使得自己的健康处于常态水平而非异常水平。因此，大学生心理健康教育课的教学评价应立足于学生，从学生自身的知、情、意、行上进行考量，真正让学生学有所感、学有所获。

大学生心理健康教育课的教学评价偏重学生的自我评价，可结合教师的评价、同学评价和社会评价。在考核中，需要凸显学生将知识应用于实践的能力。例如，学生在学习了人际关系这一内容后，能够拓展自己的人际圈，多结交朋友；能够在不同的情境中自主表达和交流；在遇到人际冲突之后，能够想方设法化解冲突。这就说明学生对于人际关系这部分内容学有所获。那么，如何进行效果评估呢？这就需要设置多种生活场景，模拟现实生活，让学生在场景考核中发挥自己的能力，由任课教师、同班同学作评委，依据学生的真实表现进行综合评估。

教学评价不是为了考学生、考教师，而是为了检验学生是否在学习后有所变化。教学评价设置的标准就是学生的变化。变化是最好的检验，学生对自己有了更清晰的认识，能够悦纳自己和他人，能够激励自己，能够结交朋友，能够正常地与异性交往，能够珍爱生命等，都是最好的检验教学效果的指标。对于学生的变化情况，可以通过学生自我评价、场景考核、案例探讨和社会行为观察等多方面来了解。心理影响行为，行为反映心理，对于一个人的心理无法直接获知，只能通过行为间接地反映出来。通过观察学生的变化，可以从学生的行为、态度中了解学生是否学有所感、学有所获，是否真正实现了开设大学生心理健康教育课的初衷。

"教学做一体化"教学模式认为，教、学、做是一件事，而不是三件事。我们要在做上教、在做上学，做是核心，也是评价的来源。对于大学生心理健康教育课，教师与学生、教学与学习要统一于做。基于此，"教学做一体化"教学模式可以应用于大学生心理健康教育课教学。

参 考 文 献

[1]余国良. 大学生心理健康[M]. 北京：北京师范大学出版社，2018.

[2]李国毅. 大学生心理健康教育[M]. 北京：国家行政学院出版社，2019.

[3]孙霞，郝明亮，寇延. 大学生心理健康教育（师范版）[M]. 大连：中国海洋大学出版社，2019.

[4]胡盛华，杨铖. 现代大学生心理健康教程[M]. 长春：吉林大学出版社，2014.

[5]李梅，黄丽. 大学生心理健康十二讲[M]. 北京：北京师范大学出版社，2012.

[6]邓志军. 大学生心理健康教育[M]. 北京：北京理工大学出版社，2010.

[7]黄希庭. 大学生心理健康教育[M]. 上海：华东师范大学出版社，2004.

[8]叶星，毛淑芳. 大学生心理健康指导[M]. 北京：高等教育出版社，2017.

[9]陈娟，龚燕. 大学生心理健康：体验与训练[M]. 重庆：重庆大学出版社，2017.

[10]瞿珍. 大学生心理健康[M]. 上海：华东理工大学出版社，2018.

[11]马斯洛. 马斯洛人本主义哲学[M]. 成明编译. 北京：九州出版社，2003.

[12]阳志平. 积极心理学团体活动课操作指南[M]. 北京：机械工业出版社，2010.

[13]冉龙彪. 大学生心理健康[M]. 北京：人民出版社，2019.

[14]肖红. 高职大学生求职择业的心理困扰及其调适[J]. 文教资料. 2007（31）：176-177.

[15]马晓慧，岑瑞庆，余媚. 大学生网恋的心理成因及干预措施[J]. 校园心理，2011，9（6）：414-415.

[16]尹怀玉. 马斯洛需要层次理论对大学生心理健康工作的启示[J]. 知识经济，2013（9）：164.

[17]卓然. 大学生职业生涯规划中的心理问题及对策分析[J]. 职业技术教育. 2016，37（29）：69-72.

[18]陈京明. 当代成人大学生自我实现路径探析[J]. 中国成人教育，2016（14）：

24-26.

[19]李明. 当代大学生自我意识发展的特点及其调控[J]. 牡丹江教育学院学报，2015（11）：68-69.

[20]胡凯. 大学生网络心理健康的标准[J]. 思想政治教育研究，2012，28（3）：133-135.

[21]唐嵩潇. 谈抑郁症的心理干预方法[J]. 吉林化工学院学报，2017，34（12）：75-77.

[22]吴玉伟. 大学生健全人格的标准探索[J]. 社会心理科学，2012（6）：9-12.

[23]姚振. 新时期大学生心理健康标准整合的探索性研究[J]. 高教学刊，2017（5）：176-177.

[24]文娟. 高校大学生心理健康现状及对策研究[J]. 智库时代，2020（5）：114-115.

[25]何安明，惠秋平. 大学生手机依赖与生活满意度的交叉滞后分析[J]. 中国临床心理学杂志，2019，27（6）：1260-1263.

[26]魏杰. 新时期大学生心理健康标准整合的探索性研究——以江苏省为例[D]. 南京：南京大学，2013.

[27]王飞飞. 大学生情绪管理能力与心理健康的关系研究[D]. 重庆：西南大学，2006.

[28]王玉娇. 农村初中生人际关系对心理健康影响的实证研究——以华西中学为例[D]. 银川：宁夏大学，2014.